よくわかる！
行動分析による
認知症ケア

野口 代・山中 克夫 著

中央法規

著者紹介

野口 代（のぐち・だい）

筑波大学助教。研究組織は人間系（障害科学域）。博士（障害科学）。介護支援専門員，介護福祉士，日本心理学会認定心理士。専門は認知症ケア，高齢者福祉。グループホーム等の介護施設にて認知症の人の介護やケアマネジメントを行い，現在は特に，BPSDに対する非薬物的・心理的アプローチの研究を行う。

山中克夫（やまなか・かつお）

筑波大学准教授。研究組織は人間系（障害科学域），教育組織は大学院人間総合科学研究科感性認知脳科学専攻（精神機能障害学分野）。博士（学術）。公認心理師。専門は高齢医療福祉心理学。

認知症を中心とした高齢医療，介護の現場で活用できる心理尺度，相談援助システム，非薬物的介入法の研究を行う。主な著書としては，『日本版WAIS‐III の解釈事例と臨床研究』（日本文化科学社），『認知症高齢者の心にふれるテクニックとエビデンス』（紫峰図書），『New 認知症高齢者の理解とケア』（学習研究社）『脳の老化を防ぐ生活習慣 ―認知症予防と豊かに老いるヒント』（訳書　中央法規出版）。

推薦の ことば

　2012年に私たちの国で行われた調査で，65歳以上の7人に1人が認知症であることが明らかになりました。そして今後，認知症の人はさらに増加することが予想されています。従って，私たちの身近な人が認知症になり，その人と日常的に接するという経験を誰もがもつようになると思います。そのときに多くの人が戸惑ったり悩んだりするのが，本書でとりあげている認知症の行動・心理症状（BPSD）です。BPSDには，大きな声をあげる，入浴などの日常生活に必要な活動を拒否する，何度も同じことを繰り返し聞くなどが含まれます。

　このBPSDに対する適切な対応を発見するための有効な方法が行動分析です。本書は，「自分の起こした行動によってなにか良い変化（メリット）があれば，その行動は増えたり，繰り返し起こったりすることになる。逆に悪い変化があれば，その行動は減ったり起こらなくなったりする」という行動分析の基本的な考え方をわかりやすく解説するとともに，多くのケアする人が困るBPSDをとりあげ，イラストなども使って具体的に行動分析を応用して，適切な対応法を発見する流れを解説しています。ケアする人の多くはBPSDを目の当たりにして，認知症の人を叱責したり，教育しようとしたりして，逆にBPSDを悪化させてしまいがちです。本書によって，観察点を知り，冷静に分析する姿勢を学び，実践できるようになると思います。

　著者である野口代先生と山中克夫先生は，行動分析のわが国におけるリーダーで，さらにこの方法を広く知ってもらおうと活動されてきた新進気鋭の心理学者です。私も神経精神科の医師としてBPSDに対する治療法，対応法を開発してきましたが，2017年より，日本医療研究開発機構研究 認知症研究開発事業「認知症者等へのニーズ調査に基づいた『予防からはじまる原因疾患別のBPSD包括的治療指針』の作成と検証研究」で共同研究を開始しました。そして私たちが運営しているウェブサイト「認知症ちえのわnet」にも行動分析を活用した「認知症対応方法発見チャート」を新設していただきました。このチャートはとてもアクセス数の多い人気のコーナーであることは確認済みです。従って，行動分析の基本から実践までを包括的にまとめた本書がBPSDケアに悩む多くの人に役立つ書であることは間違いないと思っています。

2019年5月23日

高知大学医学部神経精神科学講座　教授　數井裕光

まえがき

　行動分析は日本の認知症ケアの現場ではまだ普及していませんが，国際的には認知症の行動・心理症状（BPSD）に対して最も有効なアプローチの1つとされています。行動分析がBPSDに対して有効である理由を筆者は次の2点にあると考えています。

　1点目は，行動分析を用いることでBPSDが起こる理由（BPSDがもっている意味）を調べたり，理解することができるようになるという点です。

　認知症の人がBPSDを起こすのには何らかの理由があり，その理由を考えることが重要であるということは，かなり一般的にいわれるようになってきました。しかし，どのようにその理由を調べるのか，そしてその理由や原因に応じたケアをどのように行えばよいのかについては，これまであまり具体的に示されてこなかったのではないでしょうか。本書のテーマである行動分析は，BPSDを含め行動が頻発したり，繰り返される理由を調べるための科学的な方法といえます。

　BPSDがもっている意味を考えることがなぜ重要かということについては，本書のなかでより詳しく説明していますが，たとえば繰り返し「大声」をあげるというBPSDで考えてみるとよくわかります。介護施設などではよく見かける光景ですが，「大声」というBPSD1つとっても，ある認知症の人にとっては，大声をあげることによって職員が優しくなだめに来てくれるといったように他者のかかわりを得るための意味をもっていたり，また別の認知症の人にとっては大声をあげることによって，嫌いな他の入居者を追っ払うという他者との接触を避ける意味をもっていたりします。

　つまり，これらは同じ「大声」というBPSDに見えますが，もっている意味は真逆ということになります。このもっている意味を取り違えてケアをしてしまうと，BPSDを逆に悪化させてしまうことになります。このように同じように見える「大声」というBPSDですが，それぞれのもつ意味に応じた異なるケアを行わなければなりません。本書では行動分析を用いて，より正確にBPSDのもつ意味を見極め，それに応じたケアを行う方法を詳しく解説しています。

　2点目のポイントは，BPSDの改善のためには，BPSDにだけ注目してケアを考えるのではなく，むしろBPSDが起きていない時間や状況に注目することで，そちらの時間を延ばすことを考えるという点です。

　介護をしているとBPSDの負担が大きいため，ついBPSDにばかり目が向いてしまいがちです。しかしBPSDが起きていないとき（BPSD以外の行動が起きているとき）の状況がケアの鍵を握っています。つまり行動分析を用いてBPSDが起こりやすい状況だけでなく，起こりにくい状況も調べることで，その違いを

明らかにするということです。これはその状況の違いこそがBPSDの原因である可能性が高いためです。このようにしてBPSDの原因を取り除き，BPSD以外の行動が起こりやすい状況を整えることで，より効果的にBPSDを予防することにつながります。

　本書では，第Ⅱ章の基礎編において認知症ケアにおける行動分析の考え方をできるだけ専門用語を使わず，わかりやすく説明しています。次にマニュアル編では，認知症ケアの現場で使いやすいように行動分析の具体的なテクニックやツールを紹介しています。そして実践編では，よく見かけるBPSD別にケアの方法を詳しく解説しています。

　本書の内容をご活用いただきご感想などをお聞かせいただければ幸いです。本書が認知症の人を介護するご家族や介護・医療職の皆様の一助になることを願っています。

　なお本書の出版にあたっては，数多くの認知症であるご本人や，そのご家族，認知症ケアに携わる皆様のご指導・ご協力をいただきました。ここに感謝申し上げます。

2019年7月

野口 代

本書の用語について

　行動分析には，実験的行動分析と応用行動分析があります。実験的行動分析は，行動と環境の関係を研究室などで実験的に明らかにする学問です。そしてその成果から得られた知見を応用して，臨床や実践に役立てるものを「応用行動分析」といいます。本書では特にことわりのない限り，「行動分析」という用語は「応用行動分析」のことを指すものとします。

CONTENTS

著者紹介 ii
推薦のことば iii
まえがき iv
本書の用語について v

第 I 章　認知症の行動分析を行う前に　　　山中克夫　001

1. 認知症やその症状に関する基礎知識 002
  ❶ 認知機能の低下─認知症の中核症状 002
  ❷ 認知症は進行する 003
  ❸ 認知症の行動・心理症状（BPSD）─随伴症状，周辺症状 ... 008

2. BPSDの対応の基本 010
  ❶ 薬を使わない対応を優先する 010
  ❷ 環境的な視点を重視する
    ─BPSDの原因は脳の障害だけではない 010
  ❸ BPSDの基本的な対応法 011

3. 行動分析を中心としたBPSDの対応の手順 014
  ❶ 行動分析の基本的な考え方─環境的な視点から行動をとらえる ... 014
  ❷ 行動分析による対応の準備─具体的な行動からとらえる ... 015
  ❸ 個別に手順に沿って対応する 016
  ❹ BPSDの専門家とは 018
  ❺ BPSDの対応では職員研修を実施すると最も効果がある ... 019
  ❻ 行動分析の可能性 019

4. BPSDの対応でまず気をつける点 022
  ❶ 基本的な接し方を大切にする 022
  ❷ すべての対応のベースとなる認知症の受け止め方 023
  Column　問題行動に関する言葉の移り変わり─新語と差別の繰り返しの歴史 ... 024

第 II 章　基礎編　　　野口 代　027

1. 行動分析とは 028

❶ 行動分析とは 028

❷ 行動分析の基本的な考え方

　　—行動が起こる直前と直後の状況に注目する 028

❸ ABC分析—BPSDの原因をみつけ出す方法 032

Column 単にBPSDが改善すれば良い, というものでもない—社会的妥当性について 033

2. ABC分析の手順 034

1 B：改善したい行動を選び, その行動に具体的な名前を付ける

　　—誰がみても同じように行動をとらえられるようにする 034

❶ 改善を目指すBPSDに優先順位を付ける 034

❷ BPSDに具体的な名前を付ける 035

2 A：行動の直前の状況を調べる 036

3 C：行動の直後の状況を調べる 037

Column 「認知症ちえのわnet」と「認知症対応方法発見チャート」 .... 山中克夫 039

3. ABC分析に基づくケアの方法 040

❶ 行動の直前の状況（A）を変える 041

❷ 行動の直後の状況（C）を変える 043

4. ポジティブな行動支援（PBS）

　　—BPSD以外の行動を増やすことで, BPSDを改善する 046

❶ 罰を与えることはBPSDを増やすだけ 046

❷ ポジティブな行動支援（PBS）の特徴と具体的な方法 048

❸ ポジティブな行動・活動の見つけ方

　　—「能力」と「好み」を考慮して取り組みやすくする 050

Column 介護に拒否や抵抗を示しているときの決め手 053

第 **Ⅲ** 章 **マニュアル編**　　　　　　　　　　　　　　　　野口 代 055

1. ステップ1 BPSDに関する情報収集を行う 056

2. ステップ2 BPSDの原因を分析する（ABC分析） 061

3. ステップ3 支援計画を作成し, 実施する 062

❶ 「直前・直後の状況」の支援を考える 062

❷ ABC分析チャートに整理する 062

❸ 支援計画を立てる 062

4. ステップ4 結果の評価と支援計画の修正を行う 064

第 IV 章　実践編—BPSD別行動分析によるケアの実際　065

1. 興奮や攻撃性（暴言・暴力）への対応　野口 代　066

1 興奮や攻撃性について　066

2 事例紹介　066

❶ ステップ1　BPSDに関する情報収集を行う　067

❷ ステップ2　BPSDの原因を分析する（ABC分析）　068

❸ ステップ3　支援計画を作成し，実施する　069

❹ ステップ4　結果の評価と支援計画の修正を行う　072

Column　行動がもっている意味を考える重要性—機能的アセスメント　075

2. 抑うつや不安への対応　076

1 抑うつについて　076

2 事例紹介　076

❶ ステップ1　BPSDに関する情報収集を行う　077

❷ ステップ2　BPSDの原因を分析する（ABC分析）　079

❸ ステップ3　支援計画を作成し，実施する　081

❹ ステップ4　結果の評価と支援計画の修正を行う　085

3. 徘徊への対応　086

1 徘徊について　086

2 事例紹介　086

❶ ステップ1　BPSDに関する情報収集を行う　087

❷ ステップ2　BPSDの原因を分析する（ABC分析）　088

❸ ステップ3　支援計画を作成し，実施する　090

❹ ステップ4　結果の評価と支援計画の修正を行う　093

Column　いわゆる"帰宅願望"への対応—気をそらすテクニック　094

4. 幻視への対応　096

1 幻視について　096

2 事例紹介　096

❶ ステップ1　BPSDに関する情報収集を行う　097

❷ ステップ2　BPSDの原因を分析する（ABC分析）　099

❸ ステップ3　支援計画を作成し，実施する　099

❹ ステップ4　結果の評価と支援計画の修正を行う　103

Column　支援の効果がみられないとき　105

5. 物盗られ妄想への対応 .... 山中克夫 **106**

1 物盗られ妄想について **106**

2 事例紹介 **106**

❶ ステップ1 BPSDに関する情報収集を行う **107**

❷ ステップ2 BPSDの原因を分析する（ABC分析） **107**

❸ ステップ3 支援計画を作成し，実施する **113**

❹ ステップ4 結果の評価と支援計画の修正を行う **122**

Column 家族間の調整の大切さ **123**

6. 介護への抵抗（入浴や排泄の介助拒否）への対応 .... 野口 代 **124**

1 介護への抵抗（入浴や排泄の介助拒否）について **124**

2 事例紹介 **124**

❶ ステップ1 BPSDに関する情報収集を行う **125**

❷ ステップ2 BPSDの原因を分析する（ABC分析） **126**

❸ ステップ3 支援計画を作成し，実施する **129**

❹ ステップ4 結果の評価と支援計画の修正を行う **132**

Column ケアラーセンタード・パーソンフォーカスト・アプローチ
　　　　　—介護者が中心となり，認知症の人の立場から原因を考え個別に行うケア **134**

第 **V** 章 **付録** _____ **135**

あとがき **144**

さくいん **146**

第 I 章

認知症の
行動分析を
行う前に

Ⅰ Ⅱ Ⅲ Ⅳ Ⅴ　認知症の行動分析を行う前に

1. 認知症やその症状に関する基礎知識

　ここでは，認知症やその症状に関する基礎知識である，**認知症の行動・心理症状**（Behavioral and psychological symptoms of dementia：BPSD，ビー・ピー・エス・ディー）の対応の基本，行動分析を中心としたBPSDの対応の手順，認知症の人との基本的な接し方や認知症の受け止め方について述べます。それらを学ぶことで，第Ⅱ章以降の内容の理解が深まると思います。なお，行動分析によるBPSDの対応の詳細をすぐに知りたい方は，第Ⅱ章からお読みいただいても結構です。

❶ 認知機能の低下─認知症の中核症状

　一般的に認知症とは，発達を通じて，いったん獲得した認知機能（頭の働き）が脳の障害により持続的に低下し，日常生活や社会生活で支障がみられるようになった状態と考えられています。この認知機能の低下は，認知症の中心的で核心的な症状であることから，認知症の「**中核症状**」と呼ばれています。

■ 認知症のタイプと中核症状

　脳の障害を引き起こし，認知症になる原因には，さまざまなものがあります。そのなかで最も代表的な原因はアルツハイマー病です。認知症はそうした原因ごとにタイプが分けられ，たとえばアルツハイマー病が原因となっている場合には，**アルツハイマー型認知症**と呼ばれています。

　認知症では，タイプによって障害されやすい脳の場所がある程度決まっています。それぞれの脳の場所には，特定の認知機能がかかわっています（図1）。ある脳の場所が障害されると，その場所に関連する認知機能の低下がみられるようになります。たとえば，アルツハイマー型認知症の場合には，記憶にとって大切な脳の場所である「海馬」が初期の段階から障害されるため，新たに加わった情報や体験（エピソード）を思い出すことができないといった症状がみられます。

　表1は，代表的な認知症のタイプと障害されやすい脳の場所，関連する認知機能の低下，考えられる工夫やサポートの例をまとめたものです。この表に示されているように，認知症では原因となる疾患ごとに，大まかにどのような認知機能の低下が起こりうるのかを予想できます。しかし，認知症の進行のスピードや程度は個人差があり，

図1 主要な脳の場所（大脳皮質）と関連する認知機能

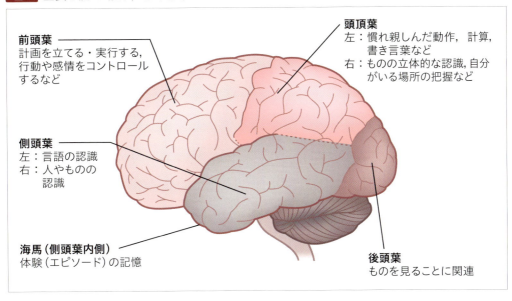

認知症のタイプも典型的でないことも少なくありません。

❷ 認知症は進行する

　認知症では脳の障害により持続的に機能が低下し，日常生活や社会生活で支障がみられるようになると述べました。ここでは，そうした生活上の支障をもとに，アルツハイマー型認知症を例に認知症の進行がどのようなものかをみていきましょう。

　表2は，アルツハイマー型認知症の進行を日常生活活動（ADL）の機能面からとらえたFAST（ファスト）という段階表を示しています。FASTは全部で7つの段階に分けられているのですが，「段階1」は正常の段階で，「段階2（正常老化の範囲）」はなかなか名前を思い出せないなどの年齢相応のごく軽い認知機能低下がみられる段階です。そのため，ここでは省略し，正常老化レベルとアルツハイマー病初期との「境界期」とされる「段階3」から説明します。

■ 境界状態（段階3）

　段階3では，重要な約束を忘れたり，初めて行った旅行の場所で迷ったり，それまではみられなかった，正常な老化の範囲とは考えづらい，物忘れによるミスがみられます。しかし，それらは基本的に職業生活上や社会生活上に限られたものであり，認知症と考えるには機能の低下が軽い段階といえます。これは最近よく耳にすることが多くなった「軽度認知障害」に相当する段階と考えられます。

表1 代表的な認知症のタイプ別の関連する認知機能の低下例と工夫やサポートの例

代表的な認知症のタイプ	関連する認知機能の低下例	工夫やサポートの例
アルツハイマー型認知症 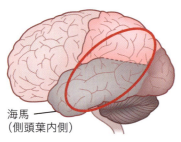 海馬（側頭葉内側） ●海馬，頭頂葉，側頭葉が障害されやすい	●最近の出来事を忘れる ●日付や予定がわからない ●道に迷う ●ものの認識ができなくなる	●本人がよく見る場所にカレンダーや予定表を置く，予定のチェックの仕方もわかりやすくする ●目印や違いをはっきりさせる ●（石鹸を食べ物と間違えるなど）区別しづらいもの，間違いやすいものを置かない
レビー小体型認知症 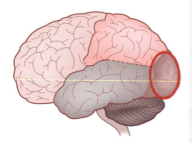 ●原因となるレビー小体は大脳皮質のさまざまな場所でみられるが，後頭葉の機能低下が目立つことが多い	●視覚認知の障害（幻視，錯視*に関連）や視空間機能（立体認知）の障害がみられる ●皮質下の障害を伴うことが多く，その場合には，思考のスピードがゆっくりになったり，必要な情報に注意を向けるのがうまくいかなくなったりする（精神運動緩慢）	●本人が見えているものを頭から否定しない ●部屋の暗さなどが関係していることがあるので，照明をつける，明るくしてみる ●錯視などが起こりにくいようにする。たとえば，壁紙を柄物から無地に変える。壁のシミなどをきれいにする。室内にかけてある服や洗濯物などを片付ける ●本人のペースに合わせる ●声かけなどにより，本人が注意を向けたのを確認してから介助を行う。注意の範囲の狭さを考え，特に食事では1品ずつ配膳する

---

*幻視や錯視は一般的にはBPSDに分類されるが，後頭葉に関連する視覚認知機能の低下もかかわっていることから中核症状の説明にも含めた。

表1 つづき

代表的な認知症のタイプ	関連する認知機能の低下例	工夫やサポートの例
血管性認知症  ●原因となる脳梗塞や脳出血が起きた場所により障害の様子は異なるが，前頭葉に関連した認知機能低下がみられることがよくある	●注意力の低下や障害がみられる ●やることを決め，計画を考えたり段取りをつけて実行するなどの実行機能の低下や障害がみられる	●頻繁に声をかける。また声のかけやすい近い位置に座ってもらう ●周囲の物に過剰に注意が向いてしまう，いわゆる注意が散漫になってしまう場合には，注意が向けられやすい物を置かない，遠ざける（たとえばテレビやラジオがかかっていないスペースで食事をしてもらう） ●次にやることを促しながら，段階的にこなしていく
前頭側頭型変性症 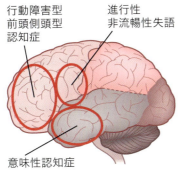 行動障害型前頭側頭型認知症　進行性非流暢性失語　意味性認知症 ●前頭葉と側頭葉の神経細胞の変性，損傷	●行動・感情のコントロールや道徳的感情が失われ，万引きをしてしまったり，気遣いが失われたりする（行動障害型前頭側頭型認知症） ●言葉の意味がわからなくなる（意味性認知症） ●話し方がぎこちなくなる（進行性非流暢性認知症）	●感情が高ぶっているときには場所や場面を変えて気分転換を図る ●物を盗る衝動に駆られるものを目に見えるところに置かない ●写真，イラストなどコミュニケーションを補うものを用いる ●話をまとめるなど，周囲が話を補う ●うまく話せなくとも良しとする雰囲気を作る

表2 日常生活活動からみたアルツハイマー型認知症の人の機能低下の段階

認知症の重症度（段階）	日常生活上の機能低下	具体的特徴
境界状態（段階3）	職業・社会生活上で責任や負担がかかる場面での支障（以前みられなかったもの）	●重要な約束を忘れてしまうことがある ●初めての土地への旅行のような複雑な作業を遂行する場合に機能低下が明らかになる ●買い物や家計の管理，あるいはよく知っている場所への旅行など日常行っている作業をするうえでは支障はない ●熟練を要する職業や社会活動から引退してしまうこともあるが，その後の日常生活のなかでは障害は明らかとはならず，臨床的には軽微である
軽度（段階4）	日常生活の複雑な作業場面での支障	●買い物で必要なものを必要なだけ買うことができない ●誰かがそばにいないと勘定を正しく払うことができない ●自分で洋服を選んで着たり，入浴したり，行き慣れている所に行ったりすることには支障がないために，日常生活では介助を要しないが，社会生活では支障をきたすことがある ●単身でアパート生活をしている高齢者の場合，家賃の額で大家とトラブルを起こすようなことがある
中等度（段階5）	服装を選べないなどの自立生活を送るうえでいろいろな介助が必要となる	●家庭の日常生活でも自立できない ●買い物を一人ですることができない ●季節に合った洋服が選べず，明らかに釣り合いがとれていない組み合わせで服を着たりするためにきちんと洋服をそろえるなどの介助が必要となる ●毎日の入浴を忘れることもある。なだめすかして入浴させなければならない。しかし，自分で身体をきちんと洗うことはできるし，お湯の調節もできる ●自動車を適切かつ安全に運転できなくなり，不適切にスピードを上げたり下げたり，また信号を無視したりする。無事故だった人が初めて事故を起こすこともある ●大声をあげたりするような感情障害や多動，睡眠障害によって家庭で不適応を起こし，医師による治療的かかわりがしばしば必要になる
やや重度（段階6）	(a) 不適切な着衣	●ねまきの上にふだん着を重ねて着てしまう。靴ひもが結べなかったり，ボタンが掛けられなかったり，ネクタイをきちんと結べなかったり，左右を間違えずに靴を履けなかったりする ●着衣も介助が必要になる
	(b) 入浴に介助を要する，入浴を嫌がる	●お湯の温度が調節できなくなり，身体もうまく洗えなくなる。浴槽への出入りもできにくくなり，風呂から出た後もきちんと身体を拭くことができない ●このような事柄に先行して風呂に入りたがらない，嫌がるという行動がみられることがある
	(c) トイレの水を流せない	●用便後，水を流すのを忘れたり，きちんと拭くのを忘れる ●用便後，服をきちんと直せなかったりする

表2 つづき

	(d) 尿失禁	●時に（c）の段階と同時に起こるが，これらの段階の間には数カ月の間隔があることが多い。この時期に起こる尿失禁は，尿路感染症や他の生殖器泌尿器科の障害によるものではなく，適切な排泄行動を行ううえで必要な認知機能の低下によって起こる	
	(e) 便失禁	●この時期の障害は（c）や（d）の段階でみられることもあるが，通常は一時的にしろ別々にみられることが多い ●焦燥や明らかな精神病様症状のために医療施設を受診することも多い ●攻撃的行為や失禁のために施設入所が考慮されることが多い	
重度 （段階7）	(a) 6語以下に限定された言語機能の低下	●語彙と言語能力の貧困化はアルツハイマー型認知症の特徴であるが，発話量の減少と話し言葉のとぎれがしばしば認められる。さらに進行すると完全な文章を話す能力が次第に失われる ●失禁がみられるようになると，話し言葉はいくつかの単語あるいは短い文節に限られ，語彙は2，3の単語のみに限られてしまう	
	(b) 語彙は1つの単語となる	●最後に残される単語には個人差があり，ある患者では「はい」という単語が肯定と否定の両方の意思を示すことがあり，逆に「いいえ」という返事が両方の意味をもつことがある。病気が進行するに従って，このようなただ1つの言葉も失われてしまう ●一見，言葉が完全に失われてしまったと思われてから数カ月後に突然最後に残されていた単語を一時的に発語することがあるが，理解しうる話し言葉が失われた後は，叫び声や意味不明のぶつぶつ言う声のみとなる	
	(c) 歩行能力の喪失	●歩行障害が出現する ●ゆっくりとした小きざみの歩行となり，階段の昇り降りに介助を要するようになる ●歩行ができなくなる時期は個人差があるが，次第に歩行がゆっくりとなる。歩幅が小さくなっていく場合もあり，歩くときに前方あるいは後方や側方に傾いたりする ●寝たきりとなって数カ月すると拘縮が出現する	
	(d) 着座能力の喪失	●寝たきり状態であっても，はじめのうちは介助なしで椅子に座っていることは可能である。しかし，次第に介助なしで椅子に座っていることもできなくなる ●この時期では，まだ笑ったり，噛んだり，握ることができる	
	(e) 笑う能力の喪失	●この時期では，刺激に対して眼球をゆっくりと動かすことは可能である ●多くの患者では，把握反射は嚥下運動とともに保たれる	
	(f) 昏迷および昏睡	●アルツハイマー型認知症の末期ともいえるこの時期は，本疾患に付随する代謝機能の低下と関連する	

*左端の「段階」は段階3から始まっているが，FASTで正常を示す「段階1」と，年齢相応の支障（正常老化の範囲）を示す「段階2」は省略した。
（Reisberg（1988）[1]のFunctional assessment staging（FAST）を原文や石井徹郎氏（1991）[2]の翻訳をもとにまとめた）

■ 軽度（段階4）〜中等度（段階5）

次の段階4の「軽度」の場合では，物忘れが日常的にみられるようになり，それがもとでさまざまなトラブルや支障が生じます。

段階5の「中等度」になると，物忘れが重篤になり，たとえば入浴を忘れ，そのことを指摘しても，なかなか入浴してくれず，なだめすかしてやっと入ってくれるようなことがあったり，表2の例には挙げられていませんが，逆にシャワーを浴びたことをすぐに忘れて，日に何度もシャワーを浴びようとしたりすることがあります。中等度では同様に物忘れが重篤になることから，確認したことをすぐに忘れてしまい，気になることは何度もしつこく尋ねることもよくみられます。「中等度」の後半では，脳の障害がさらに進み，感情の変調や多動など，気分や行動をコントロールする機能の低下が多くなります。

■ やや重度（段階6）〜重度（段階7）

段階6の「やや重度」では，ねまきの上にふだん着を着てしまうなどの「重ね着」の症状がよくみられます。また，入浴に関しては，「中等度」では入ることを忘れる程度でしたが，この段階になると入浴の手順がわからなくなり，付き添って一つひとつ指示したり，介助したりしなければならなくなります。そして次第に用便の際に水を流すのを忘れる，きちんと身体を拭くのを忘れるなどのミスが目立つようになります。その後あるいはそれと同時に，トイレの場所・便器が判断できない，衣服の着脱ができないなどの認知機能上の理由により尿失禁や便失禁の問題がみられるようになります。

段階7の「重度」では，言葉を理解する力が極端に低下し，語彙も数語に減ります。その後，身体レベルが落ち，歩行や着座も困難となります。そして次第に無表情となり，最後には昏睡・昏迷の状態となっていきます。

❸ 認知症の行動・心理症状（BPSD）—随伴症状，周辺症状

■ 認知症の行動・心理症状（BPSD）

認知症の特徴は，認知機能の低下だけではありません。認知症の人では，周囲から理解しづらく，どう対応したらよいか戸惑うような行動がよくみられます。こうした行動は一般的に「問題行動」と呼ばれていると思いますが，専門的には行動面だけではなく，抑うつなどの心理症状を加えて，認知症の行動・心理症状（英語の略称ではBPSD，ビー・ピー・エス・ディー）という言葉が使われることが多いです。

「問題行動」というと，「行動」そのものよりも「行動」を起こしている本人が知らぬ間に問題扱いされていることがありますが，BPSDでは，基本的にそうした行動を認知症の症状によるものととらえています。この言葉が使われ始めた頃，「症状という

図2 主な認知症の行動・心理症状（BPSD）

抑うつ	不安	徘徊	繰り返しの確認・要求
幻覚	妄想（物盗られ妄想，帰宅妄想，嫉妬妄想）	暴力・暴言	睡眠障害（不眠，昼夜逆転など）
食行動異常（異食，盗食）	弄便（ろうべん）	失禁	収集・溜め込み
不潔行為	性的脱抑制		

ものは，自分ではなかなかコントロールが難しいものである」「BPSDという症状により本人も困っているのだから，本人を問題扱いするのではなく，症状に対する手立てを考えないといけない」という話を医師からされたことを覚えています。図2はBPSDの代表的なものをまとめたものです。

■随伴症状，周辺症状

認知症では認知機能の低下が中核的な症状であるのに対し，BPSDは周辺的なものと考えられ，「**周辺症状**」と呼ばれることもあります。また，それらは中核症状である認知機能の低下に付随し生じることがあるため，「**随伴症状**」と呼ばれることもあります。FASTの中等度の例として文中で説明した，何度もしつこく確認するような場合には，中核症状の認知機能の低下のうち，記憶機能の低下が重篤になり，以前に確認・要求したことを忘れ，「随伴症状」として，図2の「繰り返しの確認・要求」がみられるようになったと考えられます。

これらのBPSD，周辺症状，随伴症状は，全体的な症状のとらえ方や考え方は異なりますが，具体的な症状でみると，抑うつ，不安，徘徊のように，同じものを指しているといってよいでしょう。ただし，随伴症状や周辺症状といわれても，名前を聞いただけではどんな症状を指しているのかがわかりづらいと思いますが，BPSDの場合には，行動面や心理面の症状を指しているとすぐにわかります。このことが，BPSDという言葉がよく使われている理由の1つになっています。

I II III IV V　認知症の行動分析を行う前に

2. BPSDの対応の基本

❶ 薬を使わない対応を優先する

　BPSDの対応は大きく分けると，薬物治療と薬を使わない対応の2つがあります。しかし，薬物治療として用いられる向精神薬のなかには，重篤な副作用の危険を伴い，警告や制限を受けているものもあります。有名な例としては，2005年に米国食品医薬品局（FDA）が非定型抗精神病薬＊に対して，継続的な使用による死亡率増加の危険性の指摘と使用に関する警告・制限を行ったものがあります[3]。そのようなことから，BPSDの対応では，薬を使わない安全な対応を優先することになっています。わが国においても，「かかりつけ医のためのBPSDに対応する向精神薬使用ガイドライン（第2版）」（厚生労働省，2015）[4]では，以下のように薬を使わない対応を優先することが明記されています。

> - ガイドライン第2版の利用にあたって
>   - まずは非薬物的介入をご家族や介護スタッフと検討し実施すること。そのうえでもなお症状が改善しない際に薬物治療を考慮すること
> - BPSD治療アルゴリズム
>   - 非薬物的アプローチを最優先する
>   - 出現時間，誘因，環境要因などの特徴を探り，家族や介護スタッフとその改善を探る
>   - デイサービスなどの導入も検討する

❷ 環境的な視点を重視する──BPSDの原因は脳の障害だけではない

　先に述べたとおり，一般的に問題行動と呼ばれていた行動は，BPSDでは認知症の症状と基本的にとらえられています。認知症の症状と聞くと，脳の不調や障害によって生じたもので，改善することは難しいと思う人も多いかもしれません。しかし，実

＊最初に開発された抗精神病薬に対し，第二世代の抗精神病薬と呼ばれる薬である。それ以前の薬に比べ手が震える，身体の動きが硬くなるなどの副作用が少ないなどの利点がある。薬の例（商品名）としては，ジプレキサ®，リスパダール®，セロクエル® など。

際にはBPSDの原因は脳の障害ばかりではありません。時間帯，場所，文脈，周囲の人のかかわり・対応等を含め，広い意味での本人を取り巻く環境が要因となっていることが少なくありません。

ここでは，「**環境**」という用語をわかりやすく「**状況**」という言葉に置き換えて説明しましょう。BPSDの対応のためには，BPSDを誘発している状況を探らなければなりません。BPSDの前後にはどんな状況がみられたのか？　そのなかにBPSDの生起に関係しているものはないのか？　そうした振り返りが重要となります。

■本人の視点から状況をとらえる

FASTの「中等度」の段階の説明では，しつこく何度も確認をするBPSDの例をあげました。このような認知症の人の心のなかでは，心配で確認したいことが常に存在しているのでしょう。しかし，重度の記憶低下によって，たとえ確認をしたとしても，すぐにその事実を忘れてしまう。そのために自分の記憶を頼りにすることができない，手立てや手がかりがない状況に常にさらされている。それで，確認できるものを自分で探そうとする。そうしたものを探すことができなければ，確認できる人を探し，周囲の人に質問する。確かに周囲の人に質問すれば，その後に欲しい情報が得られるという結果が本人には返ってくるかもしれませんが，またすぐに忘れてしまう。こうしたことが繰り返されていると考えられます。

■周囲の人の視点からも状況をとらえる

次に周囲の人の気持ちを考えると，本人から質問されるたびに答えなくてはいけません。人を見かけるたびに本人は質問してくる。近くに人が見つからないときには，人を探してうろうろ歩き回ることもある。重度の記憶低下があるとわかっていても，こうしたことは，対応する人をだんだんと疲弊させていきます。また，質問の内容や相手にもよりますが，グループホームや介護施設などでは，職員ではなく，他の入所者にしつこく質問し，入所者同士でトラブルになってしまうこともあります。

❸BPSDの基本的な対応法

■状況を変えてみる

このような場合，本人にとっても周囲の人にとってもよい対応をするにはどうしたらいいのでしょうか。一案として，**本人の状況を変えてみる**ことが考えられます。

たとえば，グループホームや介護施設で，「娘はいつ来るの？」と繰り返し質問していた認知症の人がいました。対応としては，まず本人が職員から答えを得られやすくするために，本人のふだん過ごす場所を職員の居場所の近くに変えてみました。そのうえで，カレンダーの日付に印をつけたものなどを本人のそばに置き，すぐに見れ

るようにしました。

　そうすることで，本人にとって，手がかりになるものや確認できる人を探す負担や必要性を減らすことができます。また，確認できるものがあれば，本人から質問されたときに職員がその都度回答を考えなくてすみます。このため結果的に確認できる人を探しに，本人に徘徊されることが減少しました。

■ 活動を加える

　また本人の一日の活動を振り返ってみると，これといってやることがない時間帯が多くありました。特にそうした時間帯では同じ質問を繰り返しています。逆にたまたま何かの活動に参加していたときには，そうした質問が少なくなっていました。こうした場合，特に本人が好きな話，身体を使った作業や体操，レクリエーション，散歩をはじめ，本人がかかわれる活動を探し，それらを楽しんでもらうことで，質問の回数は減ることが予想されます。

　以上のような対応を職員の皆さんにしてもらったところ，以前と比べ，繰り返しの質問が減り，職員の皆さんの精神的負担も減らすことができました。

■ 代わりの行動を考える

　FASTの「中等度」の段階の説明しましたが，この段階では本人がなかなかお風呂に入ってくれないことがあります。この場合，記憶障害のためにいつ入浴をしたのか，

あるいは入浴直後でもそのことを忘れてしまうことが一因と考えられます。しかし，それ以外にも，身体のどこかに痛みをかかえている，体力が衰え服を脱ぐのが容易ではないなど，身体的な問題や負担が存在している可能性もあります。そうしたつらさが入浴拒否の要因となっている場合には，入浴の代わりに足浴などの部分浴，部分清拭（拭けるところは自分でやってもらい，できないところを介助する）を検討してもよいと思います。

　また，身体的な問題や負担はそれほどではないにせよ，ふだん身体を動かすことがなく，汗をかいたり疲れを感じることもなければ，服を脱ぐ手間に対して入浴の必要性をあまり感じていないこともあります。そのようなことが入浴拒否の一因になっていると考えられる場合には，たとえば，少し汗ばむ程度の軽い運動に本人を誘い（前述の「活動を加える」），快い疲労を感じてもらった後に入浴を誘うのもよいでしょう。

MEMO

Ⅰ Ⅱ Ⅲ Ⅳ Ⅴ　認知症の行動分析を行う前に

3. 行動分析を中心とした BPSDの対応の手順

❶ 行動分析の基本的な考え方―環境的な視点から行動をとらえる

　薬を使わないBPSDの対応として，環境的な視点から考えることの重要性を説明しましたが，こうした視点による対応法で，わかりやすく，効果の点から世界的に最も認知症ケアで推奨されている技法が**行動分析**です。詳しくは，第Ⅱ章以降で解説していきますので，ここでは行動分析について簡単に紹介したいと思います。

　行動分析とは，周りの環境に注目して，行動の増減にかかわる原因を探し出し，行動を調整する方法です。

■直前と直後の状況に注目する

　では，注目すべき周りの環境とは何でしょうか。それは行動が起こる**直前の状況**と行動が起こった**直後の状況**であり，行動は直前や直後の状況の変化に伴って増えたり減ったりすると考えられています。

　つまり**行動分析とは，行動を増減させている直前や直後の状況を特定し，そうした状況をうまく変化させることで，行動を調整していく技法**といってよいでしょう。

　前項で挙げた例で説明すれば，グループホームや介護施設で，繰り返し利用者から「家族はいつ来るのか」と質問されることでは，❶本人にとって確認する手立てや手がかりが近くにない状況に対し，職員の近くに座ってもらい，見える位置に確認できるものを置き，❷これといって何もやることもなかった状況に対し，本人が参加できる活動を増やしました。これは行動分析の当該の行動が起こる直前の状況を変え，行動を調整することにあたります。

　また，入浴拒否の対応として，①身体的な問題や負担を考え，入浴ではなく部分浴や部分清拭をすすめる，あるいは②ふだん汗をかくことが少ないのでそうした機会を設け，その後に入浴をすすめる例を挙げましたが，これも直前の状況を変え，行動を調整する手立てといってよいでしょう。

❷ 行動分析による対応の準備─具体的な行動からとらえる

■観察可能な行動に焦点を当てる

　前述した繰り返しの確認の例では，行動分析による対応により，本人にとって家族がいつ来るかわからない心配や，それを確認する手立てや手がかりがない不安を軽減できると思います。

　心配や不安をはじめ，目に見えない本人の心の内を察し，それを軽くする，なくす手立てを考えることは大切なことです。しかし，行動分析では，目に見えない「心」が客観的に観察できる形になった「**行動**」（言動：ここでは言葉も行動の表れと考えます）をもとに手立てを考案したり，「行動」の変化をもとに効果の確認を行うことを原則にしています。また「興奮・不穏」のように，BPSDでは単に症状のカテゴリーで抽象的に表されることが多いのですが，行動分析では「叩く」のように，具体的で数えられる「行動」に焦点を当てて観察や対応を行います。

■心理症状も「行動」をもとに対応する

　BPSDは，徘徊，繰り返しの確認・要求，暴力・暴言などの行動症状と，抑うつ，不安，幻覚・妄想などの心理症状に分けられます。前述したように行動分析は，客観的で具体的な「行動」をもとにしたアプローチです。そうなると，心理症状は行動分析では扱えないのではないかと思う人もいるかもしれませんが，そうではありません。抑うつ，不安，幻覚・妄想のような心理症状であっても，前述したように，そうした心理症状が表面に表れる言動，つまり行動があるはずです。行動分析では，心理症状であってもそうした行動をもとに観察や介入を行います。図1は行動分析の「行動」をもとにしたBPSDのとらえ方を示したものです。

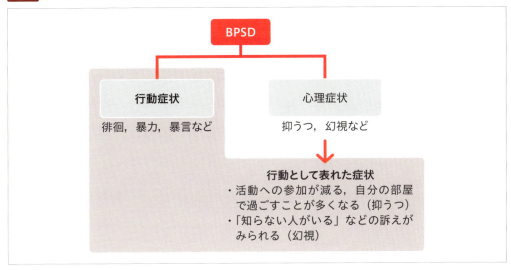

図1　行動分析の対象

たとえば，抑うつであれば，日中の個別あるいは集団の活動への参加の低下がみられ，自分の部屋で独りで過ごすことが多くなります。不安であれば，そのことを訴えたり，気になることを頻繁に確認したり，落ち着きがなく身体をゆする・離席することが多くなったりするかもしれません。また，幻視のような心理症状であっても，「家のなかに知らない人がいる」のように，具体的な訴えがみられることがあります。

■減らす行動と増やす行動を考える

BPSDは症状であり，減らさないといけないものですが，それが行動として表れた場合には，必ずしも減らすものばかりとはいえません。わかりやすくいえば，暴言・暴力のようなBPSDで，汚い言葉を言う，叩くなどの望ましくない行動が増えてしまう場合と，抑うつのようなBPSDで，おしゃべりや体操，家事などの日中の望ましい活動（行動ととらえられます）への自発的な参加が減ってしまう場合があります。行動分析による対応では，**望ましくない行動が多くみられている場合には減らす，望ましい行動が少なくなっている場合には増やす**ことを目標にします。

第Ⅱ章以降では，BPSDの症状が具体的に表れた行動に対して，行動分析による対応を行う手順について詳しく説明します。

❸ 個別に手順に沿って対応する

行動分析に関して，次に強調しておきたい点は，BPSDがみられる一人ひとりに対して個別に原因を探り，プランを作成し対応を行う点です。これは，BPSDの症状に関連する行動の原因と対応のパターンは1つだけではなく，個別の状況に依存しているためです。

図2は，英国でBPSDの対応・相談を行っているジェームズ氏があらわした対応の手順を日本の状況にあわせ，筆者なりにまとめ直したものです[5]。図2に示したように，BPSDがみられる場合，まずは介護者が自分自身の経験により対応しようとすると思います。もちろん，そうした対応でうまくいく場合も多いでしょう。しかし，うまくいかない場合には，専門家を交えて個別に対応法を考えるべきです。

■きわめて重篤な症状がみられる場合

興奮がひどい，食事を極端にとらないなど，精神疾患や抑うつ等の症状がきわめて重篤な場合，あるいは身体疾患が原因と考えられる場合には，すぐに入院を含めた医学的治療を検討します。しかし，そうした状況でない場合には，薬を使わない対応として環境的な原因を探していきます。

図2 BPSDの対応の手順

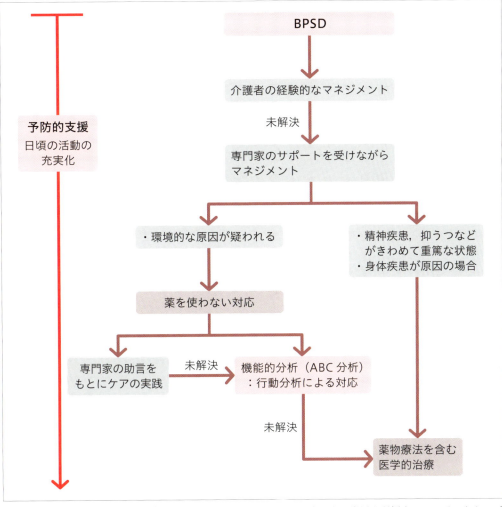

[ジェームズ IA, 山中克夫(監訳): チャレンジング行動から認知症の人の世界を理解する—BPSDからのパラダイム転換と認知行動療法に基づく新しいケア. 星和書店, 2016. をもとに作成]

■ 専門家の助言をもとにしたケアの実践

　薬を使わない対応では，それほど多くはないと思いますが，専門家の助言のみで終わる場合もあります。たとえば，部分的によい実践が行われているのに，職場内の意思統一ができていないために効果がみられない場合です。この場合には，職場のリーダーが職員全員に意思統一ができるように，認知症ケアの専門家の助言をもらいます。職員はその助言をもとにケアを実践します。

■ 機能的分析（ABC分析）

　薬を使わない対応において中心なことは，**行動分析の考えをもとに個別に原因を探し，対応法を検討していくこと**です。これは専門的に**機能的分析あるいはABC分析**

と呼ばれる技法です。ABC分析とは，**先行条件（Antecedent：直前の状況）－行動（Behavior）－結果（Consequence：直後の状況）」の3要素に基づいて原因と対応を分析するもの**です。ABC分析のABCとはこれらの英語の頭文字を表しています。この分析は第Ⅱ章で詳しく説明します。

■機能的分析（ABC分析）がうまくいかない場合

このABC分析でうまくいかない場合には，薬物治療をはじめとする医学的治療を行います。これは「かかりつけ医のためのBPSDに対応する向精神薬使用ガイドライン（第2版）」（厚生労働省，2015）と一致した流れです。しかし実際には，薬を使わない対応と薬物治療の併用も多いと思います。

■予防的支援

図2の左側の「予防的支援」とは，日頃の活動の充実化により，BPSDの予防に取り組むというものです。先に挙げた繰り返しの確認の例では，これといってやることもない時間帯が多いという直前の状況が，確認の機会を生み出していると考えられました。認知症の人では，記憶をはじめ認知機能の低下によりさまざまなつまずきに遭遇しています。そうしたつまずきがもとで，周囲の人から遠ざけられてしまったり，また自らも他の人との交流や活動の参加を遠ざけてしまったりしていることで，無為に過ごす時間帯が多くなっているといわれています。

このようなことから，日頃から本人が活動に参加できるように周囲が工夫していくことは，BPSDの予防につながると考えられます。行動分析では，こうした**予防的支援を「ポジティブな行動支援」と呼んでいます**。この点についても，この後の章で詳しく触れたいと思います。

❹ BPSDの専門家とは

図2でいうBPSDの専門家とは，いったいどのような人を指すのでしょうか。それは高齢医療・介護の現場や認知症の人のことをよく知っており，かつ行動分析に詳しい人のことです。残念ながらわが国では，そうした専門家が少ない状況にあります。そのため私たちは，図2で示したような仕組みがうまく機能していけるように，専門家を増やす努力を始めたところです。

具体的には，行動分析の専門家に認知症ケアに興味をもってもらうためのワークショップの開催や，認知症ケアの専門職への行動分析の紹介などをしています。理想は各介護現場でそうした人材がいるようになるとよいのですが，まずは認知症疾患医療センターや認知症初期集中支援チームのように，各地域の認知症ケアの中核機関や組織に専門的な人材が加わることを期待して取り組んでいます。

ちなみに本書は介護の仕事にかかわる人向けに，行動分析によるBPSDの対応についてわかりやすく伝えることを意図して企画されたものです。しかし同時に専門家にそうした職員研修のテキストとして使ってもらうことも意図しています。

❺ BPSDの対応では職員研修を実施すると最も効果がある

行動分析によるBPSDの対応に関する最も有名な研究報告は，米国のテリ氏らによる介護職員へのABC分析の研修に関するものです[6]。この研究では厳密な方法を用いて，スタッフが研修を受けた場合と受けなかった場合で，BPSDの軽減効果が比較されました。研究期間は8週間で，その間に主な研修内容として，半日のワークショップが2回，職場での30分の個別指導（スーパーバイズ）が4回，全体的なミーティングが3回行われました。

研修について具体的に説明すると，最初のワークショップの内容の中心はもちろんBPSDに対するABC分析でした。しかし，それ以外に「認知症の基礎的な理解」「コミュニケーション・スキル」「認知症の人が楽しめる活動」等の内容も含まれていました。また研修は講義だけではなく，ロールプレイやディスカッション，実際の事例のビデオ視聴をもとに進められました。個別指導は，実際の事例について，オン・ザ・ジョブ・トレーニング（OJT）を行うものでした。最後のミーティングはリーダー向けといってもよいもので，行動分析による介入計画を実施したり続けていくうえで，各現場で解決すべき問題について話し合いました。

BPSDの評定尺度をもとにした結果では，スタッフが研修を受けなかった場合と比べ研修を受けた場合では，**行動症状全般，心理症状のうち抑うつと不安に関する得点が顕著に改善されました。**このように，BPSDへの対応では，ABC分析を中心とした職員研修が特に効果をあげています。しかし，わが国の介護現場では，半日単位でのまとまったワークショップを開催することがなかなか難しい状況にあります。そこで，私たちは本書の内容を用いて，もう少し短いタイプの研修を行っています。

❻ 行動分析の可能性

■ 現場で目立たないBPSDこそ支援のヒント

表1[7]はノルウェーで行われたBPSDの5年間にわたる追跡調査の結果を示しています。この結果では，調査開始時と5年間に各BPSDがみられた割合が示されていますが，抑うつや無気力（アパシー）の割合が最も高くなっています。

この研究に示されるように，認知症の人では抑うつやアパシーのような様子がよくみられます。しかし，これまでの経験では，一見そのようにみえる人であっても，本人が楽しめるような活動を探して誘ってみると，やがて積極的に参加するようになり，本人の印象が全く変わることがよくありました。このようなことから，ABC分析を

表1 BPSDに関するノルウェーの5年間の地域調査の結果

BPSD のカテゴリー	最初の時点での有病率	5年間の有病率
妄想	18%	60%
幻覚	10%	38%
興奮	14%	45%
抑うつ	29%	77%
無関心	20%	71%
多幸	1%	6%
不安	14%	62%
脱抑制	7%	31%
易怒性（易刺激性）	20%	57%
異常行動行為	7%	52%
何らかの症状	56%	97%

注：Steinberg ら（2008）の調査による
(Steinberg M, Shao H; Cache County Investigators, et al: Point and 5-year period prevalence of neuropsychiatric symptoms in dementia: The Cache County Study. Int J Geriatr Psychiatry 23(2): 170-177, 2008. を改変)

もとに本人に合った活動を用意し，活動中も本人のつまずきを目立たなくするなどの工夫を行えば，抑うつやアパシーが改善できるケースも多いのではないかと思います。

■ベテランの力を生かす

　現場ではBPSDの対応について，豊かな経験をもつベテランの方が大勢いらっしゃいます。そうした経験を他の人が参照し応用できるように，わかりやすくモデル化等を行っていくことは，認知症ケアで重要な点です。行動分析による機能的分析（ABC分析）はそうした整理のためにも有効なツールです。本書をもとにして，現場の皆さんと専門家が協働で取り組むことで，BPSDごとにたくさんの対応モデルを作成し共有できるようになると思います。

MEMO

Ⅰ Ⅱ Ⅲ Ⅳ Ⅴ 認知症の行動分析を行う前に

4. BPSDの対応でまず気をつける点

❶ 基本的な接し方を大切にする

　認知症の人に何度も同じことを伝えても，本人が忘れてしまうようだと，つい大声で話しかけてしまったり，注意を向けるために肩を叩いてしまったりすることがよくあると思います。しかし，本人は以前のことを忘れ，状況を理解できないので，突然話しかけられたり，いきなり肩をたたかれたように感じているのです。そのため，本人は相当不快に感じていると思われます。実際そのような本人の不快感が，介護拒否の原因になることも少なくありません。この例からもわかるように，行動分析によるBPSDの対応を身につける前に，本人に対する自らの接し方を確認してみることはとても大切です。

　表1は認知症の人に対する基本的な接し方について，特に重要だと思う点を筆者なりにまとめたものです。まず日頃の接し方の基本は，以下のとおりです。

❶近づく，触れるときは本人が見えるところからソフトに行う
❷本人の目線に合わせる（目線が合うように座る等）
❸穏やかに声かけや話をする
❹以前のことは忘れていることが多いので，丁寧にかかわる

また，介助等で本人に要望を伝えるときの基本は以下のとおりです。

❺活動に誘ったり，介助をする場合には，本人に要望を一方的に伝えるだけではなく，時間が許すならば，その前に本人の好きな話題に付き合うなどをして関係づくりを行う
❻本人に自分の状態について尋ねたり，そうした状態に関心を向けてもらえるような言葉かけを行う（例：「汗，ずいぶんかいていませんか」「ずいぶん体が冷えていますね」）
❼これからやることの説明を行う（例：「お風呂に入ってさっぱりしませんか」「お風呂に入って温まりませんか」）

表1 認知症の人に対する基本的な接し方

常日頃の接し方の基本	介助などで，本人に要望を伝えるときの基本
●近づく，触れるときは本人が見えるところからソフトに行う ●本人の目線に合わせる ●穏やかに話をする ●以前のことは忘れていることが多いので，丁寧にかかわる	●（時間が許すなら）その前に関係づくりを行う ●本人に自分の状態を尋ねる，本人が自分の状態に関心を向けることができるような言葉かけをする ●これからやることを説明する

職員はこのようなことを心がけ，互いに確認したり，協力し合えるような関係をつくってください。前述のうち，❹については，冒頭でも書いたように，本人が何度も忘れるようだとイライラしてしまいがちですが，こうした場合には，ひと呼吸おいて冷静になるようにしましょう。

なお，認知症の人に対する基本的な接し方についてもっと知りたいという人には，パーソン・センタード・ケアの視点に沿った接し方が書かれている鈴木氏の『認知症の人の気持ちがよくわかる聞き方・話し方』[8]が参考になります。

❷ すべての対応のベースとなる認知症の受け止め方

病院の面接場面で出会う家族のなかには，中核症状である，本人の認知機能の低下について，「こんなこともできなくなってしまったのか」と悲壮感をあらわにする人もいれば，「年をとって耳が遠くなり，何を言われているのかを理解できなくて，自分も周りの人に年中迷惑をかけている」「（認知症のある人と）自分も同じような状況だ」と，あまり問題にしない人もいます。

同様にBPSDについても，周囲の人，職場，家族の受け止め方，すなわち許容や理解の程度により，さらには対応スキルのレベルにより，問題の大きさや負担の度合いが変わってくるといわれています。

■他の仲間の存在により受け止め方が変わる

こうした中核症状やBPSDに対する，認知症全般の受け止め方を変えるうえで大切なことは，認知症の人とかかわる家族や職員，家やケアの現場を閉塞的にしないこと，孤立させないようにしていくことです。認知症の受け止め方がきわめて深刻で孤立無援な状況が起こると，いじめや虐待，さらには心中や殺人といった惨事につながりかねません。家族であれば他の家族や家族会，介護や医療の現場の職員であれば，他職種の人々，他のユニットや病棟，他の施設や病院，行政や地域とつながるようにしていくことが重要です。そうしたつながりにより精神的に支えられ，「こんな考えの人もいるんだ」と認知症に対する受け止め方も変わり，さらには対応のヒントが得られるかもしれません。

確かにBPSDについてすぐに解決できない場合も多いかもしれませんが，今日のつらさを分かち合える仲間の存在と，他の仲間とつながっているという感覚は何よりも大切なことです。

● C O L U M N

問題行動に関する言葉の移り変わり
―新語と差別の繰り返しの歴史―

●問題行動の原因は脳や身体の不調だけではない

本文で述べたように，「問題行動」というと，実際は「行動」ではなく，行動を示す「人」が問題視されがちです。それに対しBPSDは，そうした問題行動を「症状」からとらえた言葉です。「症状」ならば，それを取り除いて本人を楽にさせてあげなければいけませんよね。「人」を問題視するのではなく，「症状」に意識を向けやすい意味で，よい言葉だと思います。しかし，「症状」とは本来心身の不調を指す言葉で，薬物治療をはじめ医学的治療の対象となるものです。脳や身体の不調が原因の場合もあるでしょうが，周囲から問題とされる行動には，人を含めた環境とのかかわりとの不都合・不具合によって生じているものも多いと思います。

●英語圏でよく使われている「チャレンジング行動」

何か困難な状況に直面していて，そのことに嫌悪的に反応したり，どうにかしようと本人なりにとった行動が，周囲からは理解されずに問題視されている。そのように問題行動をとらえようとした言葉が「チャレンジング行動」です。これは英語圏でよく使われる言葉で，問題行動を「困難な状況に対して，本人が周囲に適切な支援（対応，改善）を求めようとした行動」ととらえたものです。

しかし，認知機能に障害がみられる本人は，正確な原因やうまい伝え方がわからず行動をとっていることが多いのです。そのため，原因としてどのような困難

な状況が本人に生じているのか，何を意図した行動なのかは表面的にわかりづらく，周囲の人の対応では技量や専門性が必要となります。この場合，周囲の人にとって難易度が高く，かなりの腕前が必要という意味で「チャレンジング」という言葉が使われます。

このように「チャレンジング行動」の「チャレンジング」は，困難な状況に対し本人が周囲に支援等を要望しているもともとの意味と，対応は周囲の人にとって難易度が高くかなり技量が必要とされるという両方の意味で使われています。

● ネガティブな意味で使われることがあるチャレンジング行動

行動分析は，「行動」にアプローチするものなので，本当はこの「チャレンジング行動」という言葉を使って説明したいところですが，なかなか難しい事情があります。かなり技量等が必要とされるのでなかなか解決しづらい。そうなると周囲の人は「しんどい」「厄介な」という意味で「チャレンジング」という言葉を使うようになります。この場合，「チャレンジング行動」は深刻な問題行動を実質的に示しています（これでは本末転倒です）。

実際，英国では，「チャレンジング行動」は，対応がきわめて難しい薬物治療の対象（人）のレッテルとして使われるようになってしまったようです。そのため，英国の国立医療技術評価機構は，周囲の人に「チャレンジング行動」のもともとの意味（困難な状況に対して支援等を求めた<u>行動</u>）を理解し，本人の行動の原因（何に困っているのか）を考えてもらえるように，英語の表現を <u>Behaviour that challenges</u> と変更しました[9]。

● 言葉の表現よりも取り組む姿勢が大切

BPSDであっても，チャレンジング行動であっても，もともとは問題行動のみられる人がレッテルを貼られないようにする意図を含んだ言葉であったと思います。しかし，そうした症状なり行動なりを示す**主体が**「人」である以上，新語が作られても，しばらくするとその言葉が人を識別するレッテルになってしまう。こうした歴史が繰り返されているのも事実です。

一方で，厄介だと思う行動を起こしている人を遠ざけたいと思うのは，日常でごく普通に私たちがいだく感情そのものといえます。そうした人間の傾向のありのままを受け入れたうえで，「でも，本人も困っているのだからどうにかしよう」「原因をつきとめよう」「皆で協力して考えよう」とする。これからも新しい言葉が生み出されるかもしれませんが，そのような姿勢が最も大切なことです。

［第Ⅰ章の文献］

1) Reisberg B : Functional assessment staging (FAST). Psychopharmacol Bull, 24(4) : 653–659, 1988.

2) 石井徹郎：Functional Assessment Staging (FAST). 大塚俊男, 本田昭監, 高齢者のための知的機能検査の手引き. pp59-64, ワールドプランニング, 1991.

3) US Food and Drug Administration. Public Health Advisory: Deaths with Antipsychotics in Elderly Patients with Behavioral Disturbances. 2005.
http://psychrights.org/drugs/FDAantipsychotics4elderlywarning.htm (2018年1月6日アクセス)

4) 厚生労働省：かかりつけ医のためのBPSDに対応する向精神薬使用ガイドライン, 第2版. 2015.

5) James IA : Understanding Behaviour in Dementia that Challenges. London, Jessica Kingsley Publishers, 2011.(ジェームズ IA, 山中克夫(監訳)：チャレンジング行動から認知症の人の世界を理解する―BPSDからのパラダイム転換と認知行動療法に基づく新しいケア. 星和書店, 2016.)

6) Teri L, Huda P, Gibbons L, et al : STAR: A dementia-specific training program for staff in assisted living residences. Gerontologist, 45(5):686-693, 2005.

7) Steinberg M, Shao H, Zandi P, Lyketsos CG, Welsh-Bohmer KA, Norton MC, Breitner JC, Steffens DC, Tschanz JT; Cache County Investigators : Point and 5-year period prevalence of neuropsychiatric symptoms in dementia: The Cache County Study. Int J Geriatr Psychiatry, 23(2): 170-177, 2008.(日本老年精神医学会監訳：認知症の行動と心理症状 BPSD, 第2版. p17, アルタ出版, 2013.)

8) 鈴木みずえ：認知症の人の気持ちがよくわかる聞き方・話し方. 池田書店, 2017.

9) James IA & Jackman L : Understanding Behaviour in Dementia that Challenges : A Guide to Assessment and Treatment, 2nd ed. p31. Jessica Kingsley Publishers, 2017.

第Ⅱ章

基礎編

| I | II | III | IV | V | 基礎編 |

1. 行動分析とは

❶ 行動分析とは

　BPSDに対する非薬物的なアプローチ（薬を使わないアプローチ）のなかで有効とされているものの1つに応用行動分析（以下，行動分析*）があります。行動分析学とは，行動を分析する科学ですが，どのように分析を行うかというと，個人の内面（たとえば，脳の状態や，性格，能力など）ではなく，周りの環境に注目して，行動が起こっている原因や，行動のもっている意味を分析します。ここでいう注目すべき周りの環境とは，行動の**直前**と**直後**の状況になりますが，行動分析は，この直前と直後の環境の変化によって行動が形成されるという法則を利用することで，ヒトや動物の行動を調整して，日常生活に改善をもたらす方法です。

❷ 行動分析の基本的な考え方―行動が起こる直前と直後の状況に注目する

　行動は，その「直前の状況」と「直後の状況」の変化に伴って増えたり，減ったりします。つまり，自分の起こした行動によって，なにか良い変化（メリット）があれば，その行動は増えたり，繰り返し起こることになります。逆に，自分の起こした行動によって，悪い変化があれば，その行動は減ったり，起こらなくなったりします。
　具体的に身近な例で考えてみましょう。

> （直前の状況）：寒い日の帰り道に，
> （行動）　　　：レストランに立ち寄ったところ，
> （直後の状況）：温かくて美味しい料理が食べられた

ということがあると思います。これを図にすると，図1のようになります。
　図1をみると，「直前」のある状況下において，行動を起こす（レストランに寄る）ことで，「直後」に良いことが起こっているのがわかります。自分の起こした行動によって，良い変化があると，その行動が増えたり，繰り返し起こることになります**。

---

*行動分析には，実験的行動分析と応用行動分析があります。実験的行動分析学は，行動と環境の関係を研究室などで実験的に明らかにする学問です。そしてその成果から得られた知見を応用して，臨床や実践に役立てるものを応用行動分析といいます。

図1　行動が増える例

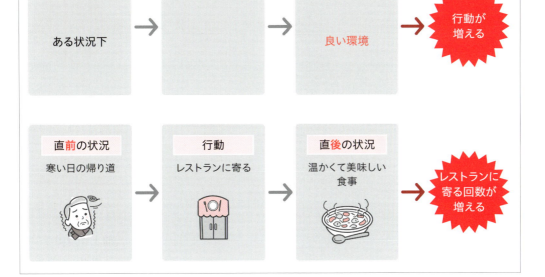

レストランなどで食事をとるという行動はこのように繰り返され，外食が増えてしまう理由がわかります。

それでは逆に，行動をしなくなってしまったり，行動の回数が減ったりするのはなぜでしょうか。次のような直前と直後の状況が一例として挙げられます。

（直前）：車で交番の前を通った際に，
（行動）：赤信号を無視したら，
（直後）：捕まって切符を切られた

これを図にしてみると，図2のようになります。

図2を見てわかるとおり，行動を起こすことにより，直後に悪い状況が生じています。このような場合，交番の前では信号無視をすることが少なくなるでしょう。このようにして，交通違反が減っていくことが考えられます。

次に介護施設での例を見てみましょう。

** 厳密にいうと行動分析では，「良い結果が得られると，行動が増える」と考えるのではなく，「行動が増えたときの直後の状況が本人にとって良い状況である」と考えます。そのため一般的に好ましく思えないような状況であっても，本人にとっては好ましい結果になっていることがあるので注意が必要です。そもそも，その人にとって好ましい結果かどうかは，行動が増えたかどうかでしか判断できないのです。

図2 行動が減る例

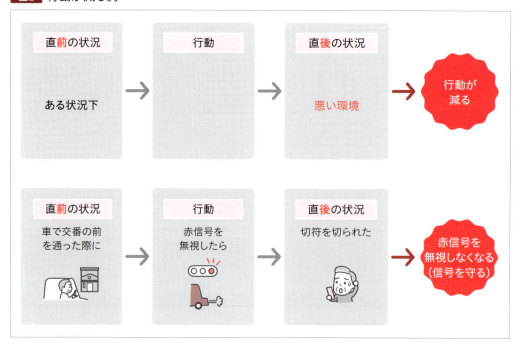

> （直前の状況）：話をしてくれる相手がいないときに，
> （行動）　　　：繰り返し大声をあげると，
> （直後の状況）：慌てて職員が寄ってきて，優しくなだめてくれた

　この例を図にすると，図3のようになります。
　図3をみると，「直前」のある状況下において，繰り返し大声をあげることで，「直後」に良いことが起こっているのがわかります。行動によって，良い変化があると，その行動が増えたり，繰り返し起こることになります。大声をあげるという行動はこのように繰り返されていくということがわかります。
　それでは逆に，介護施設において高齢者が行動を起こさなくなってしまったり，行動の回数が減ったりするのはなぜでしょうか。次のような直前と直後の状況が一例として挙げられます。

> （直前）：食事の前に居室から，
> （行動）：入浴するために浴室に誘導され，向かったが，
> （直後）：浴室までの距離が遠く，薄暗くて，寒かった

　これを図にすると，図4のようになります。
　図4を見てわかるとおり，行動を起こすことにより，直後に悪い状況が生じています。このような場合，入浴介助や誘導に応じることが少なくなるでしょう。このよう

図3 介護施設で行動が増える例

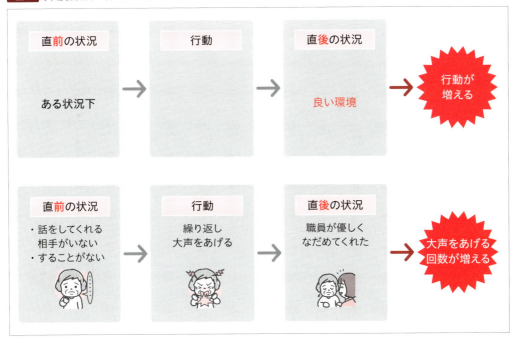

図4 介護施設で行動が減る例

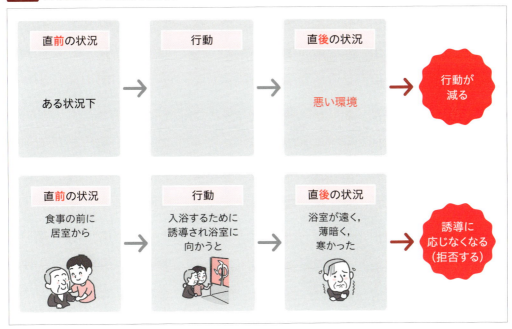

にして，入浴する回数が減っていくことが考えられます。

　行動の「直前」と「直後」に注目するという行動分析の基本的な考え方を使うと，私たちの日常での行動だけでなく，BPSDが起こる理由や原因も分析できます。この先でさらに説明していきますが，行動を調整することにも役立ちます。

❸ ABC分析―BPSDの原因をみつけ出す方法

　ここまでみてきたように，BPSDも含めて行動は，何のきっかけも原因もなく唐突に起こるということはありません。これは言いかえると，行動には何らかの意味や理由があるということです。

　その意味や理由を探る（行動が増えたり，減ったりする原因を考える）ためには，行動による周囲の環境の変化，つまり行動の「直前」の状況がどうであったかということと，行動の「直後」に何が起こったのかを調べることが重要なのです。

　行動分析において，行動（Behavior）が起こる「**直前の状況やきっかけ**」を「先行条件（Antecedent）」といい，行動の「**直後に起きた行動に影響を与えている環境の変化**」のことを「結果（Consequence）」といいます。

　この直前の先行条件（**A**ntecedent），行動（**B**ehavior），直後の結果（**C**onsequence）を時間の経過に沿って示すと図5のようになり，これらの状況を調べて行動の原因や意味をさぐることを，それぞれの頭文字をとって**ABC分析**といいます。行動分析によるBPSDのケアは，このABC分析を行うことが中心になります。次にABC分析を行う手順について説明していきます。

図5　ABC分析

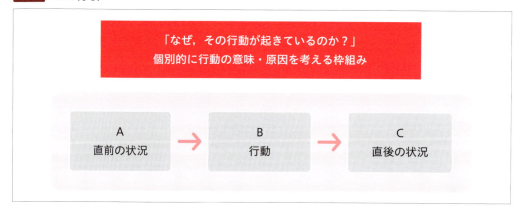

COLUMN

単にBPSDが改善すれば良い，というものでもない
―社会的妥当性について―

　支援を行った結果，単にBPSDが改善すればそれで良いというわけではありません。支援というものは，たとえば，その結果だけでなく，取り組み全体が，関係するすべての人（本人，家族，介護職員，その他の関係者全員，つまり社会全体）にとって納得や満足のいくものでなければなりません。

　たとえば，本人にとって満足度の高い支援であっても，介護者にとって大きな負担となっていては不十分ということです。たとえ効果的な支援方法であったとしても，その支援方法が介護者にとって大きな負担になっていたり，コストがかかりすぎてしまうような場合は継続することが難しいためです。

　つまり関係するすべての人が，次に同じようなケースに出会ったときに，その支援方法をまた使ってみようと思うかどうかが重要ということです。このことを専門的には「社会的妥当性」といいます[1]。新たに支援計画を立て，実施する際にはこのような点についても考えることが重要になります。

[文献]
1) Wolf MM: Social validity: The case for subjective measurement or how applied behavior analysis is finding its heart. J Appl Behav Anal 11: 203-214, 1978.

MEMO

2. ABC分析の手順

　状況を調べて行動の原因や意味をさぐるABC分析は，以下の❶～❸を順にすすめていきます（図1）。B→A→Cの順序ですので注意してください。
❶：B（改善したい行動）を選び，その行動に具体的な名前を付ける
❷：A（行動の直前の状況）を調べる
❸：C（行動の直後の状況）を調べる
　これら❶～❸について，順を追ってどのようなことをするのか，具体的にみていきましょう。

図1 ABC分析の手順

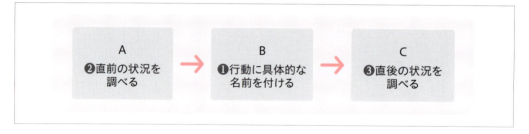

1　B：改善したい行動を選び，その行動に具体的な名前を付ける
　　　―誰がみても同じように行動をとらえられるようにする

❶改善を目指すBPSDに優先順位を付ける

　まず，改善したい行動を1つに絞ります。介護現場では，BPSDが複数みられる人も少なくありませんが，1つずつ分析・対応していくことが原則となります。
　複数のBPSDが問題となっている場合，その重症度や問題の重要度にもとづいて，優先的に対応するBPSDを決定します。ただし，これは単に重いBPSDから優先的に対応していくということではありません。時には改善（対応）しやすそうなBPSDを先に標的として改善することで生活状況を変え，その結果より対応の難しそうな重

図2 対応するBPSDを1つに絞る

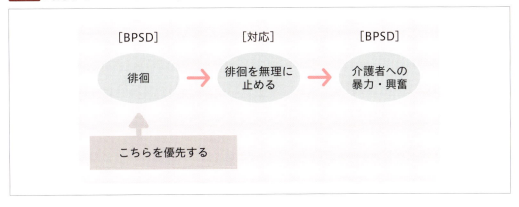

いBPSDにも変化が表れるということがあります。

さらにいえば，別のBPSDを誘発しているようなBPSDを優先的に標的にすることもあります。あるBPSDが対応されなかったり，間違った対応をされることで，別のBPSDが生じているということも介護現場ではよくみられます。

たとえば，徘徊している人を無理に止めようとして，介護者への暴力や興奮につながるということです。このような場合には，「興奮」のほうがより負担が大きいとしても，おおもとになっている「徘徊」のほうを優先的に考えます（図2）。「徘徊」が改善されれば，続いて起こっていた「興奮」も少なくなるため，まずはおおもとのBPSDへの支援を優先して考えたほうが効率的な場合もあるのです。

❷ BPSDに具体的な名前を付ける

BPSDに対する行動分析の目的の1つは，認知症である本人にとって負担となっており，周囲からも問題と認識されているような過剰に生じている行動の回数（頻度）を減らすことです。

BPSDに対する支援計画を作り，実際にその支援計画によってBPSDの頻度が減ったかどうか効果を評価するためには，「1回叩いた」「2回訴えがあった」といったように，行動が数えられなくてはなりません。また誰の目からみても行動が減ったということがいえなければならず，そのためには他の人からも同じように観察できる行動を対象としなければなりません。

BPSDを評価する尺度では，「興奮」や「抑うつ」「不安」などといった症状や状態について，その頻度や重症度を評価する項目も多いのですが，これらの用語は対象者の状態を示しているに過ぎません。対象者の状態は観察する職員の主観に大きく左右されてしまう可能性があり，具体的に数えることも難しいものです。つまり職員Aさんからはうつっぽくみえるが，職員Bさんからはそうはみえないということがよくあるということです。

そこで行動分析では，他の人からも同じように観察することができ，数えることのできる形で問題となっている行動や症状，状態に名前を付け直すことを行います。

例を挙げると，「興奮」というような状態を表す用語よりも，「机を叩く」や「物を投げつける」というように，より具体的で，誰がみても同じように回数を数えられる行動として名前を付け直します。これにより，行動の増減も明確になり，問題となっている行動に対して実施している支援計画に効果があるのか，ないのかをより明確に検証できるようになります。具体的な行動として名前を付け直すことで，より効率的にBPSDを軽減していくことが可能になるわけです。

BPSDは行動と心理的な症状の両方を指す言葉ですが，心理症状であっても上記のように行動としてとらえ直すことができますので，行動分析の対象となります。

行動分析で，より具体的な行動として名前を付け直す際のポイントは，以下の通りです。

①数えることのできる行動であること
②他の職員も観察できる行動であること
③細かく分類された行動であること
　（例：「興奮」よりは「職員の手をつねる」，「抑うつ」よりは「泣きながら死にたいと訴える」など）

2　A：行動の直前の状況を調べる

A：②直前の状況を調べる　→　B：①行動に具体的な名前を付ける　→　C：③直後の状況を調べる

改善を目指すBPSD（具体的な行動）が決まったら，次にそのBPSDが起こる直前の状況やきっかけ（A）について詳しく調べます。

直前の状況やきっかけ（A）を詳しく調べる理由は，たとえば「近くに知っている人がいるとき（A）」に，「話しかけるという行動（B）」が起こりやすかったり，「自分の部屋に戻ったとき（A）」に「ベッドに横になるという行動（B）」が起こりやすいというように，あるきっかけや状況下（A）に置かれると，起こりやすい行動（B）があるためです。

BPSDの原因となりうる直前の状況（A）として，より具体的には表1にあるようなものが挙げられます。

ようするに，行動の直前にこれらのある特定の状況（A）におかれていると，特定のBPSDが起こりやすくなっていると考えてよいでしょう。

またここでは，BPSDが起こりやすい状況だけでなく，その逆にBPSDが「起こりにくい」状況を把握しておくことも重要です。認知症の人でも，常にBPSDが生じて

表1　BPSDの原因となりうる直前の状況

①時間
　いつそのBPSDは起こりやすいのか，起こりにくいのか

②場所
　どこでそのBPSDは起こりやすいのか，起こりにくいのか

③周囲の人やかかわり方
　どのような人（他利用者，職員，家族）の，どのようなかかわり方（声かけ，接し方）で，そのBPSDは起こりやすいのか，起こりにくいのか

④活動
　何をしているとき（介助，活動，日課）にそのBPSDは起こりやすいのか，起こりにくいのか

⑤環境
　起こりやすい（にくい）騒音の大きさ，人の多さ（狭さ），気温，湿度，照度（まぶしさ，暗さ）など

⑥体調
　痛み，疲労，不快感，空腹，睡眠不足，排泄の状況，薬の服用の有無

いるわけではなく，必ずBPSDが起こっていないときがあります。BPSDが起こっていないときの状況を把握し，BPSDが起こっているときの状況と比較することで，その違いを突き止めることが大切です。なぜならその状況の違いこそがBPSDの原因になっている可能性が高いからです（⇒直前の状況への支援方法についてはp41参照）。

3　C：行動の直後の状況を調べる

A：②直前の状況を調べる → B：①行動に具体的な名前を付ける → **C：③直後の状況を調べる**

次に「直後の状況（C）」について考えます。「直後の状況（C）」とは，BPSDが起こった後，周囲の状況がどう変わったか，BPSDを起こしてどのように対応されたか，といったことです。

BPSDが起こるのは，その直後に本人にとって好ましい結果が得られているためでした。具体的にBPSDの直後に得られる好ましい結果とは，❶何か良いものが得られている場合と，❷何か嫌なことを避けられている，といった2通りが考えられます。それぞれの例は以下の通りです。

図3 問題行動の原因の分類

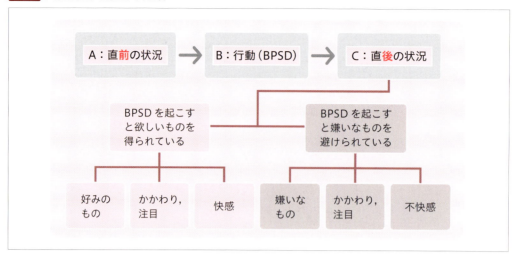

❶何か好ましいもの(好みのもの,注目,快感)が得られている
　たとえば「大声を出すと,職員がなだめに来てくれる」ということや,「体を常同的に叩いたりすることで,身体的に快感を得ている」ということが挙げられます。
❷何か嫌なもの(嫌いなもの,注目,不快感)を避けられている
　例えば「嫌いな利用者が近づいてきたときに大声を出すと,その利用者が別の場所に逃げて行く」ことや,「その場を動きたくないときに,トイレ誘導のために来た職員をたたくと,トイレに行かなくてすむ」「かゆいところを掻き続けるとかゆみがとれる」ということが挙げられます。

　このようにBPSDを起こすことにより,直後に本人にとって何かしら好ましいことが起こっているためにBPSDが繰り返されたり,増えたりすることになります。つまり,この「直後の状況(C)」もBPSDを起こし,維持している要因となっているのです。ここで説明したBPSDの直後の「結果」となっているものを図にすると図3のようになります(⇒直後の状況への支援方法についてはp43参照)。

「認知症ちえのわnet」と「認知症対応方法発見チャート」

　認知症ちえのわnetは，日本医療研究開発機構（AMED）の認知症研究開発事業として，高知大学医学部神経精神科学講座教授の數井裕光氏が中心に立ち上げた認知症のケアに悩みを抱えている皆さんと情報共有するためのコミュニティサイトです。

　このサイトでは，日ごろのケアの実践で「うまくいったこと」や「うまくいかなかったこと」を投稿してもらい，同じようにケアで悩んでいる方と共有したり，全体としてどのようなケアがうまくいっているのかを知ることができます。

　認知症ちえのわnetには，私たちが中心となり作成した「認知症対応方法発見チャート」というコンテンツがあります。これは質問に「はい」「いいえ」で答えながら症状の原因（行動の直前の状況）を探し，対応方法を見つける道筋を示したものです。

　ここで示した原因の種類やそれに基づく対応は，p42の「支援決定モデル」（図3）をもとに作られています。

　本来，行動分析はスタッフ同士で認知症の人を一人ひとり詳しく分析していくものですが，原因の探し方や対応方法の見つけ方のエッセンスを知ってもらうために，この発見チャートを開設しました。

　本書の内容とあわせて活用すれば，行動分析の系統的な対応・支援の理解がより深まると思いますので，是非試してみてください。

URL： https://chienowa-net.com/tutorial（2019年7月5日現在）

基礎編

3. ABC分析に基づくケアの方法

　次にBPSDに対するケアや対応方法を考えていきましょう。ABC分析を用いてBPSDの原因を探る方法をみてきましたが，原因がわかれば，対応方法はその原因となっている事柄を取り除いたり，状況を変えることが大まかな方針となります。

　p30の例で考えてみましょう。この認知症の人は以下のような行動と前後の状況がみられました。

> （直前の状況）：話をしてくれる相手がいないときに，
> （行動）　　　：繰り返し大声をあげると，
> （直後の状況）：慌てて職員が寄ってきて，優しくなだめてくれた

　これを図にすると図1のようになります。

　繰り返し大声をあげること（行動）によって，その直後に慌てて職員が寄ってきて，優しくなだめてくれたという本人にとって良い結果，状況が生まれています。

　大声をあげるという行動には［直前（A）→行動（B）→直後（C）］という連鎖があり，またこの行動を起こすことにより良い変化（メリット）が生じるため，繰り返されていると考えられます。

　行動を変えるためには，これらの連鎖を断ち切ることを考えます。連鎖を断ち切るには，「直前の状況（A）を変える」，もしくは「直後の状況（C）を変える」という2つの手段があります。以下でそれぞれについてみていきましょう。

図1 BPSDが起きる例

❶ 行動の直前の状況（A）を変える

　まず，行動を起こす直前のきっかけや状況（A）を調べます。その理由は，あるきっかけや状況下（A）に置かれると，起こりやすい行動（B）があるためです。前述の事例の直前には，「話をしてくれる相手がいない」という状況がありました。ケアの方法は簡単にいえば，この状況を変えるということになります。たとえば，大声をあげる前に，かかわりをもつことや，退屈をしないように活動や軽作業を提供するといったことなどがあります。

　このように直前の状況にアプローチすることによって，大声をあげる前から，職員のかかわりが得られ，直前の状況が直後の状況と同じになり，周囲の環境がよくなりますので，大声をあげるメリットがなくなります。メリットがなくなるので大声をあげるというBPSDが減っていくわけです（図2）。

　BPSDの原因となるきっかけや起こりやすい直前の状況（A）として，p37の表1の項目を参照してください。これらの項目を検討することでBPSDの原因（直前の状況，きっかけ）を探します。それから，それに対応する支援方法（原因を取り除いたり，状況を変えたりする方法）を考えます。

　支援方法を考える際には，図3の支援決定モデルを用います。ABC分析に不慣れであっても，この支援決定モデルを用いることでBPSDの原因となる状況やきっかけをみつけ，それに応じた支援を行うことが容易になります。

　このモデルは，あるBPSDの原因が，たとえば図3の左にあるように過ごしている「場所」にあると考えられた場合，それに対応する介入法として，「過ごす場所を変える」といった支援方法が導き出される仕組みになっています。またその対応で効果が

図2　直前の状況を変える（支援）

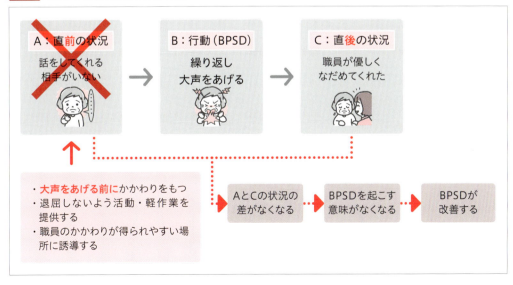

図3 支援決定モデル

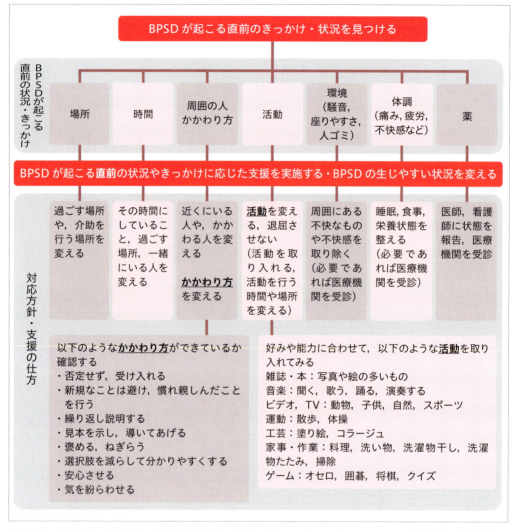

(野口代, 河野禎之, 山中克夫:支援決定モデルを用いたスタッフ・サポート・システム(SSS)の効果検証―介入厳密性が高いにも関わらずBPSDが改善しない事例. 高齢者のケアと行動科学 21:34-49, 2016. を一部改変)

得られなかった場合には, 次に可能性の高い原因をリストの中から探し, それに対応する支援を迅速に検討できるようになっています.

また前述したとおり, BPSDが起こりやすい状況だけでなく, その逆にBPSDが起こりにくい(BPSD以外の行動が起こっている)ときの状況も把握しておきます. BPSDが起こりやすい状況と起こりにくい状況を比較することで, その状況の違いを突き止めます. これは, その状況の違いがBPSDの原因になっている可能性が高いためです.

このような考え方から, 直前への支援の方法としては, 以下が重要になります.

❶BPSDが起こりやすい状況を変え，きっかけを取り除く
❷それと同時にBPSDが起こりにくい（BPSD以外の行動が起こりやすい）状況やきっかけを作り出す

❷ 行動の直後の状況（C）を変える

「C：直後の状況」とは，BPSDが起こった後に，周囲の状況がどう変わったか，BPSDを起こしてどのように対応されたか，ということを指します。というのはBPSDを起こすことにより，本人にとって何かしら好ましいことが起こっているために，BPSDが繰り返されたり，増えたりしているからです。

直後への支援について，ここまで説明に用いた事例でいうと，図4のようになります。この直後の状況を変えるためには，BPSDに対して過度に反応をしないということが支援の方向性になることがわかります。この理由は，大声をあげた後に，過度に優しく接したりすると行動によるメリットが生じてしまうためです。直後の状況を変えることで，周囲の環境がよくならないため，大声をあげることによるメリットが小さくなり，BPSDが軽減していきます。

■一時的なBPSDの激増に注意する

ただし，このような直後への支援にはいくつか注意しなければならないことがあります。その1つは，これまで大声をあげると職員が優しくなだめにきてくれたものを，突然そのような対応がなされなくなると，これまで得られていたメリットが急に得られなくなるため，なんとかしてメリットを得ようと，**一時的にこのBPSDが激増することがある**ということです。専門的にはこのことを「**消去バースト**」といいます。

たとえば，自動販売機などでジュースを買おうとしてお金を入れ，ボタンを押して

図4 直後の状況を変える（支援）

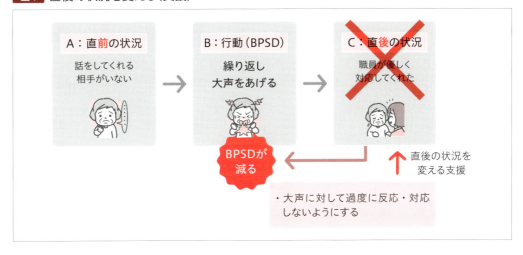

もジュースが出てこなかったときのことを思い浮かべてみてください。これまではこのような行動により，ジュースが出てくるというメリットが得られていたのですが，急に故障でメリットが得られなくなると，何度もボタンを押したり，時には自販機を叩いたり，蹴とばすという行動を起こす人もいるでしょう。

　このように減らそうとした行動が，逆に急激に増えてしまうことがあるのですが，介護現場においても同様に，BPSDによってこれまでに得られていたメリットが急に得られなくなると，一時的にBPSDが激増することがあります。他の入居者との共同生活の場である介護施設では，このような状況になると周囲に大きな悪影響が出てしまい，一時的とはいえ耐え難い問題になると思います。このように，現実的には何も対応をせずに放っておくということは難しいため，過度な対応を控えるという程度に抑えたほうがよいということになります。

■嫌悪的な対応を行ってはいけない

　もう1つ注意しなければならない点は，この例の場合，BPSDを減らすために「C：直後の状況」（職員が優しく対応してくれる）を変えようとするあまり，大声をあげた直後に叱りつけたり，抑制を用いたりと，本人が嫌がる罰を与えるような嫌悪的な対応でBPSDを止めようとしてしまいがちです。

　しかし，このような嫌悪的な対応による効果は一時的で，すぐにその効果が薄れるということがわかっています。また効果が一時的であるため，どんどん嫌悪的な対応がエスカレートし，本人にも介護者にも悪影響を与えることになります。つまり，嫌悪的な対応は，**効果の面でも，倫理面においても用いるべきでない**ということを覚えておいてください。このことについては，詳細をp46「ポジティブな行動支援（PBS）」のなかで説明しています。

　以上のようにBPSDの「C：直後の状況」を変えてABCの連鎖を断つことも支援の方法の1つとなりますが，問題が生じる可能性があるため，近年では，直前の状況を変えるアプローチをより重視し，罰を用いずに，BPSD以外のポジティブな行動に注目して，そちらを促進する（ポジティブな行動支援：PBS）といった視点が重視されています。

　前述したBPSDの「C：直後の状況」となっている事柄に対して，どのように支援をすればよいかを整理したものが図5になります。

　この図はBPSDがもっている意味や目的に応じて，どのような対応をすればよいかをまとめたものです。また行動の直前の状況を変えることを重視したり，BPSD以外のポジティブな行動を促進するといった方針で，できるだけ嫌悪的な対応にならないように配慮しています。

図5 C：直後の状況に対する支援方法のチャート図

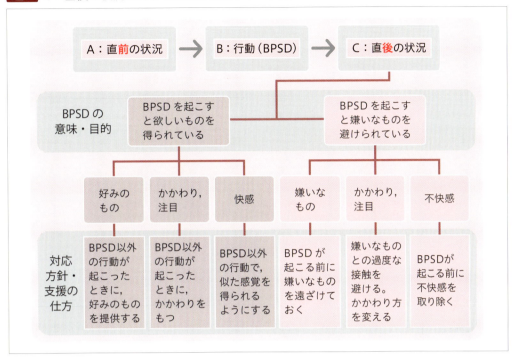

　図5の使い方としては，たとえば大声というBPSDを起こすことで，その直後に職員から優しくなだめてもらい「かかわりや注目」を得ていると考えられた場合には，「BPSD以外の行動が起こったときにかかわりをもつ」ということが対応方針となります。

　基本的には，BPSDが起こってしまった際には過度な対応はしないようにしますが，前述のとおり，それが難しい場合もあるため，BPSDが起こっていない（BPSD以外の行動が起こっている）ときに，本人が喜ぶような対応をしたり，本人にとって好ましい状況をつくっていくということが重要です。

ポジティブな行動支援（PBS）
—BPSD以外の行動を増やすことで，BPSDを改善する

❶ 罰を与えることはBPSDを増やすだけ

　ここまで基本的なABC分析の考え方でBPSDを軽減する方法を説明してきました。しかし前述したように罰を与えるような対応では，標的としたBPSDが一時的に減ったとしても，他のBPSDが生じてしまったり，適切な行動を含めて日常生活での行動が全般的に減ってしまうこともあります。介護施設では，目立ったBPSDはみられないのですが，一日中何もせずにソファでうたた寝をしていたり，テーブルに突っ伏している高齢者もおり，このような状態では本来のケアの目的である生活の質の向上を達成できているとはいえません。また，他の問題もあります。これまでもみてきた例を通して考えてみましょう（図1）。

　この例では大声をあげるという行動の直前に「話をしてくれる相手がいない」といった状況があり，繰り返し大声をあげることによって，その直後に職員がやってきて優しくなだめてくれるという良い状況が生まれていました。大声をあげることによって，本人にとって，その直後の状況が良いものに変わったため，このBPSDは増えたり，繰り返されていると考えられます。

　図1の例でBPSDを減らすために直後の状況（職員が優しく対応してくれる）を変えようとすると，図2のように大声をあげた直後に，叱りつけたり，抑制を用いたりして，罰を与えること（嫌悪的な対応）でBPSDを止めようとしてしまいがちです。

　しかし，この罰を与えるといった対応には，次に挙げるような大きな問題があるた

図1 BPSDのABC分析例

図2 直後の状況を考える

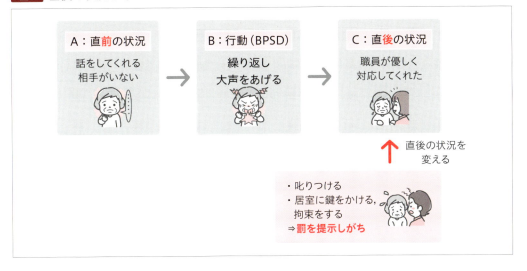

め十分な注意が必要です。

・罰の効果は一時的である

　罰*を与えることにより，BPSDが減少することもありますが，その効果は一時的なもので，罰を与えた人の前ではBPSDを起こさなくなりますが，その人がいない場面や状況が少し変わるとBPSDが頻発するようになってしまうことがあります。

・罰がエスカレートしていく

　罰の効果が一時的であるため，以前のような効果が得られなくなると，無意識に罰の強さがエスカレートしていくことがあります。罰を受ける側も，与えている側にも慣れが生じてしまい，これにより虐待のような状況が蔓延していくことにもなりかねません。また罰を用いた介護者は，同じような場面で他の認知症の人に対しても罰を与えやすくなってしまうということもあります。

・不安や怒り，無力感といった精神面への望ましくない影響がある

　罰を与えられると不安や怒り，無力感が高まってしまいます。また職員に対して不信感を抱くなど対人関係にも悪影響が生じます。介護者側にとっても，罰を与えるということは不快であり，心理面に悪影響があります。

・BPSDだけでなく，行動そのものが減ってしまう

　そして最も重要なこととして，罰を受けた人が萎縮するようになり，BPSDだけではなく，適切な行動も含めて行動そのものが全般的に減ってしまうことがあります。快適で充実した生活を送ってもらうことがケアの目的であるはずですが，罰を与えるという対応では本末転倒の結果になりかねません。

---

*行動分析において「罰」という用語は，行動が減るような状態のことをいいますが，ここでは一般的な意味で「罰」という言葉を用いています。

❷ ポジティブな行動支援（PBS）の特徴と具体的な方法

そのようななかで近年注目されているのが「**ポジティブな行動支援**（Positive Behavior Support：**PBS**）」という考え方です。これはわかりやすくいうと，生活場面に合った適切で望ましい行動が起こる**回数やその持続時間を増やしていく**ことによって，その結果，自然にBPSDの頻度や持続時間を減らしていくというアプローチです[**]。

PBSの考え方では，ポジティブな行動を増やしていくことに焦点が当てられ，BPSDに直接的にアプローチする必要がないため，介護現場における大きな問題となっている罰（叱責や拘束など）の使用を防ぐことにもつながります。また，BPSDの軽減に加えて，その人に合った活動や交流といった楽しみをもち，生活を充実させるという重要な意義をもちます。

PBSでは，直前の状況を変えるアプローチを重視します。アプローチとして，この事例で考えられるのは，たとえば以下のような対応が挙げられます（図3）。

・大声をあげる前にかかわりをもつ

・退屈しないよう活動や軽作業を提供する

・職員からのかかわりが得られやすい場所に誘導し，そこで過ごしてもらう

図3のように大声をあげる前に環境を整える支援を行うことで，大声をあげるメリットがなくなります。そのため，このBPSDが減っていくという考え方です。

このアプローチでは，大声をあげる前というところが大切になります。大声をあげる前にアプローチすることでBPSDを予防できるということになります。BPSDが起こってから何かアクションを起こすよりも，当然起こる前に予防ができたほうがベストといえます。

そしてこの直前へのアプローチにより，大声をあげるといったBPSD以外に，活動や軽作業に取り組んだり，穏やかに他者とかかわりをもったりといったポジティブな行動が生じる可能性が以前よりも大きくなります。さらに，そのポジティブな行動が生じたときに可能な限り，その直後に本人にとって望ましい状況を作り出してあげると，適切な行動が増えたり，安定してその持続時間が延びたりすることになります。これらをABC分析の図にまとめると図4のようになります。

[**]PBSの"ポジティブ"という言葉はもともと，本人の嫌がる罰を与えるような嫌悪的な対応はせずに，"非嫌悪的な"対応による支援を行うべきであるという考え方から始まっています。そのような流れのなかで，"非嫌悪的"という言葉を"ポジティブ"といい換え，PBSという言葉が使われるようになりました[1]。

さらに時代を経て，このような考え方に加え，"適応的な（ポジティブな）行動"に注目して，そちらを促すということも強く打ち出されるようになってきたようです[2]。つまり，現在使われているPBSという言葉のなかには"ポジティブな支援方法"を用いるべきという意図と，"ポジティブな行動"を促すという2つの意図が込められていると考えられます。

図3 直前の状況を変える（支援）

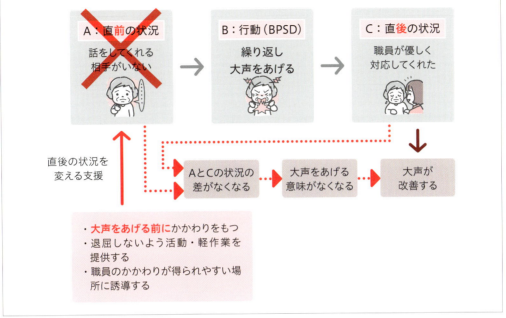

図4 直前から直後まで状況を変える（支援）

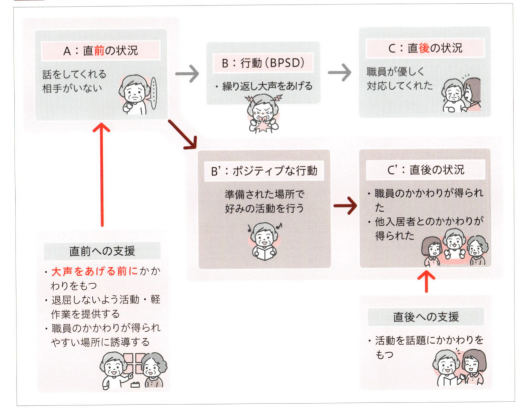

以前は図4の上段のBPSDの流れしかなかったものが，直前へのアプローチをすることで，その下段の新しい流れ（BPSD以外の行動・ポジティブな行動）が生まれることになります。そして，その直後にもポジティブな行動が安定・定着するようなアプローチをすることで，少しずつ下の流れを増やしていくというのがPBSの考え方です。

　これはバイパス・モデル***といわれ，バイパスとは脇道という意味で，以前はBPSDの道しかなかったところに，直前への支援を行うことで，BPSD以外の行動という脇道（バイパス）を作ってあげ，そちらの流れを少しずつ増やしていき，BPSDの流れの量を減らしていくと考えるとわかりやすいと思います。

　すでにお気づきかもしれませんが，このアプローチではBPSDに対しては特別に何も介入をしていません。もっといえば介入をしていないだけではなく，BPSDには目を向けてもおらず，BPSD以外の行動に注目をして，そちらの行動の頻度を増やしたり，その行動が長く続くようにしているだけなのです。

　そのためBPSDに対して罰を与えるといったような嫌悪的な対応もなくなり，虐待などの深刻な事態を減らすことにもつながります。

　また，PBSで重視している直前への予防的なアプローチは，直後へのアプローチと比べて即効性があります。また認知症の人は記憶に障害をもっていることが多いということを考えても，直前へのアプローチのほうが有効であるといえます。

　BPSDに目を向けなくても，BPSDを改善することができるPBSは，従来の認知症ケアの考え方を一新する契機となる可能性があるのです。

❸ ポジティブな行動・活動の見つけ方──「能力」と「好み」を考慮して取り組みやすくする

　それでは次に，個々の認知症の人に合った，より定着しやすいポジティブな行動や活動をみつけるためには，どのようなことが必要になるかを考えていきましょう。認知症の人のケアを考える際に，介護職は対象者の背景情報をたくさん集めていると思います。たとえば，その人の家族構成や身体的な健康状態，既往症，服薬状況，性格などといったものが含まれます。

***このモデルは正式には，競合行動バイパスモデル（Competing behavior model: Competing behavior path）[3]と呼ばれています。問題となっている行動と同じ機能（意味や働き）をもち，より許容できる代替行動をまずは本人に教え，定着させていくことで，その後さらにその場に合った望ましい行動を身につけるために利用されるモデルです。
　しかし認知症の人においては，今までしてきたことのない新たな行動を一から学習し，定着させることは困難といえます。そのためBPSDと同じ機能をもつ行動か，よりその場に適応した望ましい行動かということにはあまりこだわらず，より負担の小さいBPSD以外の行動が少しでも増えるように環境を整え，支援するというほうが現実的と考えられます。それによりBPSDの起こる回数や時間を少しでも減らすことが重要といえます。

その人に合った日中活動や，その状況に合ったポジティブな行動を考える際には，コーエン・マンスフィールド[4]によると背景情報のなかから，本人の「能力」と「好み」を重視して支援計画を作成するとよいとされています。ここでいう「能力」とは，現在の認知機能や日常生活動作（ADL），視力，聴力の状態のことです。また「好み」とは，本人の嗜好や過去の生活歴，職歴などの情報です。

　ABC分析に加えて，これらの情報を考慮することで，本人が参加したくなるような活動で，かつ取り組むことが可能な活動を見つけ出すことができ，活動に取り組む回数や時間がより多くなるのです（図5）。

　先ほどの事例では，何もすることがない状況で，大声をあげることにより，職員のかかわりを得ていました。そこで，そのような大声をあげることの多い時間帯に，前もって活動を提供するという支援計画を考えます。その際に，単に前もって活動を提供したり，かかわりをもつというだけでなく，**どのような活動やかかわり方をするか**ということを考えなければなりません。この段階で，「能力」と「好み」の情報を活かします。

　たとえば，単にお手伝いをお願いするというだけでなく，本人の好みを考慮し，職歴や生活歴という面で，もしその人が主婦であったなら，台所のお手伝いをしてくれる可能性があります。

　しかし能力の面で，本人の認知症が重度である場合には，物事の段取りを考えることが難しくなっています。そのため，お手伝いとして，漠然と台所仕事や食器の片付け（食器を洗って，すすいで，拭いて，棚に戻す，といった一連の工程すべて）をお願いするのではなく，そのなかでも"食器を拭いてもらう"ことだけをお願いするようにします。これは本人の能力に合わせ，ストレスのかからないことをお願いすることで，取り組んでもらえる時間が長くなるからです。

図5 ポジティブな行動の支援計画を立てる

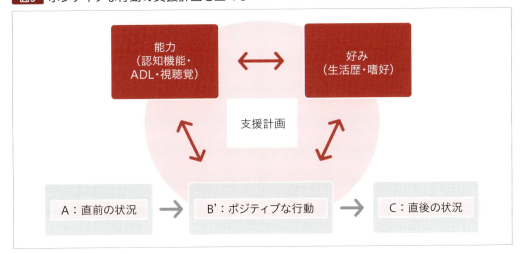

また，お手伝いが難しい場合にも，ビデオやテレビを単につけておくというだけではなく，本人の昔の趣味，たとえば好きだったスポーツや歌手に関するビデオを流しておくということのほうが有効と考えられます。「好み」の情報を活かした支援を行うだけでも，参加してもらえる時間や頻度が大きく変わってきます。

　PBSに基づくアプローチは，本人にも介護職員にも受け入れられやすく，望ましい支援とされています。このようなことから，ABC分析をもとに，「能力」や「好み」といった背景情報を用いて，ポジティブな行動を促進することで，BPSDの改善と生活の質の向上という両方を成し遂げることができます。

[第Ⅱ章の文献]
1)Horner RH, Dunlap G, Koegel, RL, et al: Toward a technology of "nonaversive" behavioral support. Journal of the Association for Persons with Severe Handicaps, 15(3): 125–132, 1990.
2)Carr EG, Dunlap G, Horner RH, et al: Positive behavior support: Evolution of an applied science. Journal of Positive Behavior Interventions, 4(20): 4-16, 2002.
3)O'Neill R, Albin RW, Storey K, et al: (2015) Functional assessment and program development for problem behavior: A practical handbook. 3nd ed. Cengage Learning, 2015.
4)Cohen-Mansfield J: Non pharmacological management of behavioral problems in persons with dementia: The TREA model. Alzheimer's Care Quarterly, 1: 22-34, 2000.

COLUMN

介護に拒否や抵抗を示しているときの決め手

　BPSDは予防することが最も重要ということをここまで繰り返し説明してきましたが，どんなに予防に努めてもBPSDは起こってしまうものです。BPSDが起こってしまった場合はどうしたらよいのでしょうか。

　介護者のかかわり方や声かけの仕方も認知症の人の行動に影響しますが，それよりも認知症の人の反応を決定するのは，「介助をしようとする前の本人の状態である」ということが実証的に示されています[1]。特に介助に対して拒否や抵抗を示している際は，介護者がどのような声かけやかかわり方をしたとしても，うまくいかないことが多いといわれています。これは筆者のこれまでの介護の経験からも納得のいく研究結果だと思います。かかわれば，かかわるほど悪い状態が長引くということがありますので，安全だけ確保して見守り，できるだけ自然なかたちで落ち着くのを待ち，できるだけ良い状態のときに介助を行ったり，誘導することが重要です。

　上記のようなこれまでのBPSDケアに関する研究と実践の結果をまとめると，結論として次のようにいえるのではないかと思います。

[直前への支援] BPSD が起こらないように予防することが重要
・BPSD が起こりにくい状況を作る
・ポジティブな行動が起こりやすい状況を作る

[直後への支援]
・BPSD 以外の行動（ポジティブな行動）が起こったら，
　⇒本人にとって好ましい状況を作る
　　（良い状態を安定させ，少しずつさらに良い方向に向かうようにかかわる）
・BPSD が起きてしまったら，
　⇒どんなかかわりをしても時間の無駄。刺激しない・過度にかかわらない
　　（安全を確認しながら見守る・観察する。少し落ち着いてから再アプローチ）

[文献]
1)Belzil G, Vézina J: Impact of caregivers' behaviors on resistiveness to care and collaboration in persons with dementia in the context of hygienic care: An interactional perspective. Int Psychogeriatr 27(11): 1861-1873, 2015.

マニュアル編

マニュアル編

ステップ1
BPSDに関する情報収集を行う

　第Ⅰ・Ⅱ章の基礎編では，行動分析の根本的な考え方，すなわちBPSDがどのように生じ，なぜ繰り返されているのかという点についてみてきました。またそれに基づくケアの方法やポジティブな行動支援という考え方について説明してきました。

　第Ⅲ・Ⅳ章のマニュアル編・実践編では，さまざまなBPSDに対する行動分析によるケアを具体的にみていきます。その前にまず，どのようなBPSDに対しても共通に行う，行動分析によるケアの流れと，用いるツールを押さえておきましょう。行動分析によるケアは，以下のステップ1〜4の手順で行います。

> ステップ1：BPSDに関する**情報収集**を行う
> ステップ2：得られた**情報**からBPSDの**原因**を分析する（ABC分析）
> ステップ3：**原因**に対する**支援計画**を作成し，実施する
> ステップ4：実施した**支援計画**の結果の評価と修正を行う

　行動分析によるケアの大原則は，前述したとおり，改善したいBPSDを1つに絞ることです。1つずつ対応し，解決したら次のBPSDについて考えます。

　p34で説明したように，改善させたいBPSDの優先順位を決め，そのBPSDに具体的な行動としての名前を付け直します。そして次にそのBPSDに関する情報収集を行います。情報収集の方法は2通りあり，1つは関係者へのインタビューによる情報収集で，もう1つは対象者を直接観察することによる情報収集です。

　まず必ず行うのは，対象者をよく知る介護職員や家族に対するインタビューです。より正確な情報を得るためには，複数の関係者に行うことが望ましいです。インタビューでは表1の記録用紙を用いて，大まかなBPSDの情報をつかみます。

　次に図1のABC分析記録シートを用いて対象者を直接観察して，インタビューで得た情報を確認したり，さらに詳しく調べたりします。

　そしてBPSDがいつごろ何回くらい生じているのかを図2のようなBPSD頻度記録用紙を用いて調べます。

表1 BPSDの原因を特定するためのインタビュー記録用紙

BPSDの原因を特定するためのインタビュー記録用紙

BPSDが起こる直前の状況について

1. 時間帯：BPSDが最も起こりやすい時間と，最も起こりにくい時間はいつですか？

   最も起こりやすい時間帯：_____

   最も起こりにくい時間帯：_____

2. 場所：BPSDが最も起こりやすい場所と最も起こりにくい場所はどこですか？

   最も起こりやすい場所：_____

   最も起こりにくい場所：_____

3. 人：誰（スタッフ，他入居者，家族など）と一緒のときにそのBPSDが最も起こりやすいですか？　また最も起こりにくいですか？

   最も起こりやすい人：_____

   最も起こりにくい人：_____

4. 活動：どんな活動を行っているときにBPSDが最も起こりやすく，最も起こりにくいですか？

   最も起こりやすい活動：_____

   最も起こりにくい活動：_____

①

表1 つづき

5. 人が多かったり，騒がしい状況を嫌がっている様子はありますか？

6. 温度や湿度，照度（まぶしさ，暗さ）などがBPSDに影響を与えていませんか？

7. BPSDに影響を与えているかもしれない医療上の問題や身体の状態がありますか？（たとえば，アレルギー，発疹，鼻炎，発作，喘息など）

8. 睡眠の状況を教えてください。睡眠のパターンはBPSDにどの程度影響を与えていると思いますか？

9. 食事の日課と食事内容，食事量，空腹感について教えてください。それがBPSDにどの程度影響を与えていると思いますか？

10. 排泄の状況について教えてください。それがBPSDにどの程度影響を与えていると思いますか？

11. どんな薬を服用していますか？　それがBPSDにどんな影響を与えていると思いますか？

②

表1 つづき

12. 前記以外に，何かある特定の状況や特殊な出来事で，BPSD の引き金となっていると思われるものはありますか？（たとえば，ある特定の指示をされる，服装など）

_____

_____

BPSD が起こった直後の状況について

13. BPSD を起こした後（結果），周囲の状況はどのように変わりますか？
    どのように対応されていますか？
    何か得られているものはありますか？（好みのもの，注目，快感）
    何か回避できているものはありますか？（嫌いな活動，人，物，不快感）

_____

_____

その他の支援のための手掛かりについて

14. 本人の好きなものは何ですか？（食べ物，活動，物など）

_____

_____

あなたが本人と一緒に何かを行うときや支援をするときに，どのようなことを行うべきで，どのようなことを避けるべきだと思いますか？

15. 本人との活動がうまく行えるようにするには，何を改善すればよいと思いますか？

_____

_____

16. 本人の BPSD を予防するためには，どのようなことを避けるべきだと思いますか？

_____

_____

③

図1 ABC分析記録シート

対象者氏名：　　　　　　　　　　　　観察日：

記録する行動：

直前の状況		行動（BPSD）		直後の状況
	→		→	
	→		→	
	→		→	
	→		→	

図2 BPSD頻度記録用紙

BPSD頻度記録用紙

　　月　　　日

氏名：

行動（BPSD）：

行動が起こったら，回数に○をつけてください

9：00〜12：00	1	2	3	4	5	6	7	8	9	10	それ以上
12：00〜15：00	1	2	3	4	5	6	7	8	9	10	それ以上
15：00〜18：00	1	2	3	4	5	6	7	8	9	10	それ以上
18：00〜21：00	1	2	3	4	5	6	7	8	9	10	それ以上

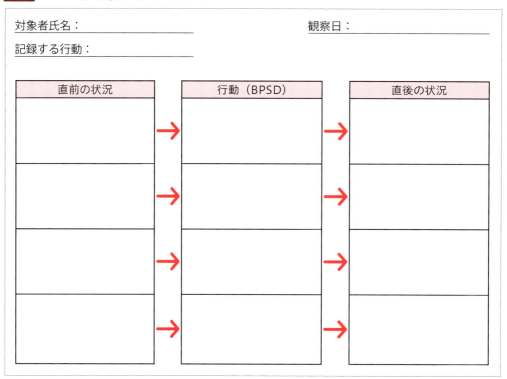

2. ステップ2 BPSDの原因を分析する（ABC分析）

　ステップ1で行ったインタビューの内容や対象者の直接観察により得られた情報からBPSDの原因を分析します。図1-①（シート上段）を用いて，直前の状況がどのようなときにBPSDが起こりやすいのか，きっかけになっていることはないか，直後の環境の変化や対応によってBPSDが維持されているのではないかということを，ABC分析を用いて考えます。直前の状況では，「時間」「場所」「人」「活動」「その他の状況」の順番に行動に関係していることがないか確認していきます。直後の状況では，周囲の対応などにより，得られているもの（好みのもの，注目，快感）や回避できているもの（嫌いな活動，人，物，不快感）がないか確認していきます。その際，BPSDが起こっていないとき（BPSD以外の行動が起きているとき）の状況との違いに着目してBPSDが生じている原因を導き出します。

図1 支援計画作成シート（ABC分析チャート）

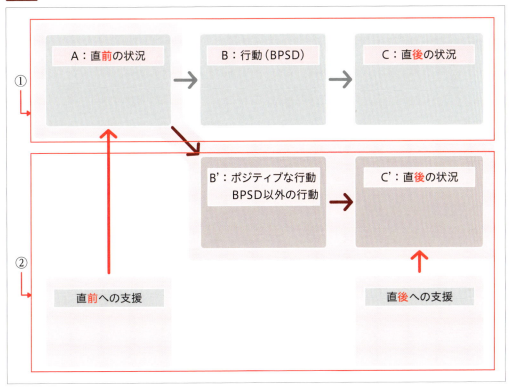

Ⅰ Ⅱ Ⅲ Ⅳ Ⅴ　マニュアル編

ステップ3
支援計画を作成し，実施する

❶「直前・直後の状況」の支援を考える

　BPSDの原因についての仮説が立てられたら，ステップ2の前頁の図1-②（シート下段）を用いて，直前と直後の具体的な支援について考えます。ここでは，まずBPSDの原因となっている直前の状況を変える，取り除く工夫を考えます。また，BPSDが起こっていないとき（BPSD以外のポジティブ行動が起きているとき）の状況に着目し，そうした状況を増やす工夫を考えます。以下の表1・2のような表を使って，支援を状況の直前，直後ごとに整理し，考えるとよいでしょう。

表1 直前の状況の支援

BPSDの原因となっている直前の状況を変える支援	ポジティブな行動が起こりやすい直前の状況を作り出す支援

表2 直後の状況の支援

ポジティブな行動が起こった際の対応	BPSDが起こってしまった際の対応

❷ ABC分析チャートに整理する

　これらを整理してから，前頁の図1の支援計画作成シート（ABCチャート）のなかの下段（②）に書き込みます。

❸ 支援計画を立てる

　それにもとづいて，表3を用いて支援計画を作成します。これは職員全体に周知・伝達するためのものです。
　支援計画の実施や効果測定のことを考えるとSMARTで（Specific 具体的・個別的で，Measurable 測定可能で，Achievable 達成可能で，Relevant 妥当で，Timely

表3 支援計画

支援計画
目的：
時間帯：
支援内容： ［直前の状況を変える支援］ ① ② ③ ［直後の状況を変える支援］ ④ ⑤ ⑥

表4 SMARTな目標

Specific	具体的・個別的で
Measurable	測定可能で
Achievable	達成可能で
Relevant	妥当で
Timely	こまめに見直された

こまめに見直された）目標（表4）や支援計画を立てることが大切です。

　施設で計画を立てる場合，情報収集や分析，計画作成の段階で，介護職員全員が参加するケア会議を開き，職員全員での情報共有や意思統一を図ります。なぜならば，支援計画は，介護職員全員が実際に実施可能なものになっていなければならず，その点から職員全員で意見を出し合い，意思統一を図ることが重要だからです。

　また原因の分析が主観的になりすぎないように，複数人で分析の妥当性を検討します。職員の多くが参加するケア会議などを開くことが難しい場合でもp61の図1や表3のような資料を職員全員に周知し，それに対する意見や感想を出してもらうことが大切です。

ステップ4
結果の評価と支援計画の修正を行う

　そして最後に，支援計画を実施した結果の評価と，必要に応じて支援計画の修正を行います。BPSDを具体的な行動としてとらえ直し，SMARTな支援計画を作成しておくと，この段階において，その効果があったのか，なかったのかがより明確になります。

　評価を行い，その結果，支援計画の効果が得られておらず修正が必要になった場合には，またステップ1に戻ります。このようにしてステップ1～4のサイクルを繰り返すことで，支援計画が徐々に洗練されていくことになり，BPSDの改善やQOLの向上につながります。

　それでは，次章から実際のさまざまなBPSDに対する行動分析によるケアについて，このステップ1～4の流れに沿って具体的にみていきましょう。

　また，このマニュアル編で用いているBPSDインタビュー記録用紙，BPSD頻度記録用紙，ABC分析記録シート，支援計画作成シートはすべて巻末の付録(p138～144)に掲載してありますので，皆さんが実際に行動分析を行う際にご利用ください。

［第Ⅲ章の参考文献］
1) O'Neill RE, Horner RH, Albin RW, et al: Functional assessment and program development for problem behavior: A practical handbook, 2nd ed. Pacific Grove, CA, Brooks/Cole, 1997. (オニール RE, ホーナー RH, アルビン RW・他, 茨木俊夫監, 三田地昭典・他監訳：子どもの視点から考える不適応行動解決支援ハンドブック. 学苑社, 2003.)
2) James IA: Understanding behaviour in dementia that challenges: A guide to assessment and treatment. Jessica Kingsley, London, UK, 2011.

第 Ⅳ 章

実践編
—BPSD別行動分析によるケアの実際

実践編―BPSD別行動分析によるケアの実際

1. 興奮や攻撃性（暴言・暴力）への対応

1 興奮や攻撃性について

　認知症の人は脳の機能の低下により，ストレスに耐える力が弱まっています。そのため，ささいなことで興奮したり，攻撃的になったりすることがあります。また不快感や不満を感じても，そのことを周りの人へ正確に伝えることが難しくなってきます。介護者が良かれと思って行った介助やかかわりを理解することができず，本人は不安や脅威を感じているという可能性もあります。

　このように認知症の人の興奮や攻撃性は，介護者を困らせようとしているわけではなく，不満や不快の意思表示になっていることもあるのです。しかし，それが周りの人にはわかりにくいため，お互いに大きな負担になってしまいます。

　ここでは行動分析を用いて，そのような興奮や攻撃性の意味や原因を考え，ケアの方法を具体的に検討していきましょう。

2 事例紹介

●繰り返し大声をあげるAさん

　アルツハイマー型認知症の診断を受けている85歳の女性Aさんは，2カ月前に他の施設からグループホーム（認知症対応型共同生活介護）に入居しましたが，このところ繰り返し大声をあげることが多くなり，問題になっていました。また，この大声が原因で他入居者の気分を害し，入居者間でのトラブルに発展することもありました。そして他の入居者とのトラブルからAさん自身の興奮や被害妄想につながることもありました。このようにAさんにとっても，周りにいる他の入居者や職員にとっても，このBPSDによる負担は非常に大きくなっていました。

　Aさんは，手先は動かせましたが，自力で移動することができませんでした。またAさんの認知症の重症度は重度で，簡単な言葉の理解はできましたが，表出できる言葉がかなり限られていました。視聴覚に目立った障害はありませんでし

たが，要介護度は5で，ADLは歩行，更衣，食事，排泄，入浴とほぼ全介助でした（抗認知症薬を服用していましたが，最近の服薬の変更はありませんでした）。

❶ ステップ1 BPSDに関する情報収集を行う

1 インタビューによる情報収集

まず大声の原因について見当をつけるために，情報収集を行う施設職員が「BPSDの原因を特定するためのインタビュー記録用紙」（p136参照）を用いて，対象者をよく知る人（他の介護職員や家族）にインタビューを行います。複数名から，BPSDが起こる「直前の状況」と「直後の状況」の情報を集めることが重要です。

この事例では下記の記録用紙を用いてインタビューを行ったところ，表1のように介護職員から色文字で示したような情報が得られました。AさんのBPSDが起こりやすい状況としては，時間帯は夕方で，場所はリビングのソファが多いということでした。また一人で過ごしているときや，何もしていないようなときにも多いという情報が挙げられました。

表1 BPSDの原因を特定するためのインタビュー記録用紙（一部抜粋）

BPSD（大声）が起こる直前の状況について

1. 時間帯：BPSDが最も起こりやすい時間と，最も起こりにくい時間はいつですか？

   最も起こりやすい時間帯：夕方

   最も起こりにくい時間帯：食事の時間

2. 場所：BPSDが最も起こりやすい場所と最も起こりにくい場所はどこですか？

   最も起こりやすい場所：リビングのソファ

   最も起こりにくい場所：食卓

3. 人：誰（スタッフ，他入居者，家族など）と一緒のときにそのBPSDが最も起こりやすいですか？　また最も起こりにくいですか？

   最も起こりやすい人：一人でいるとき

   最も起こりにくい人：職員と一緒にいるとき

4. 活動：どんな活動を行っているときにBPSDが最も起こりやすく，最も起こりにくいですか？

   最も起こりやすい活動：リビングのソファで何もしていないとき

   最も起こりにくい活動：食事，入浴，日中活動の時間

2 直接観察による情報収集

次に施設職員がAさんのBPSDを直接観察し，ABC分析記録シート(p139参照)を用いて記録をとったところ，図1の色文字で記されているような直前と直後のより詳細な情報が得られました。

Aさんが大声をあげた「直前の状況」としては，時間帯は16時台に多く，場所はリビングのソファで過ごしているときに最も多いということ，またその際にAさんは職員を探すように身体を動かし，徐々に姿勢が悪くなっていました。そして大声をあげた「直後の状況」としては，職員がAさんのもとに駆けつけ，声かけをしてなだめたり，姿勢をなおしてあげたり，腰をさすってあげたりしていました。

またAさんの認知症が重度であることや，グループホームに転居して間もないこともあり，他の入居者とコミュニケーションをとることが難しく，交流は主に職員とだけに限られているということもわかりました。

❷ ステップ2 BPSDの原因を分析する（ABC分析）

次に施設職員が参加するケア会議にて，インタビューと直接観察により収集した情報を用いてABC分析を行いました（図2）。その結果，図2-1のように直前の「周りに知っている人がいない」状況で（A），「大声をあげる」ことによって（B），直後に「職員がな

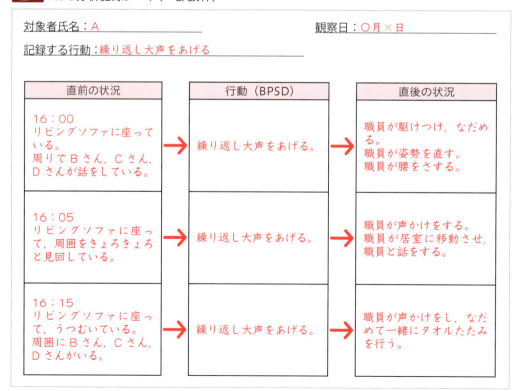

図1 ABC分析記録シート（一部抜粋）

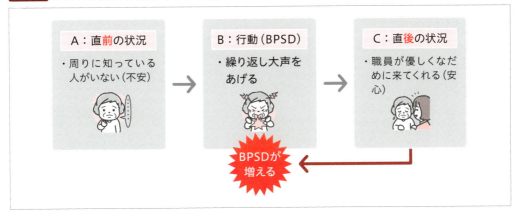

図2-1 BPSD原因の仮説①（ABC分析チャートの上段）

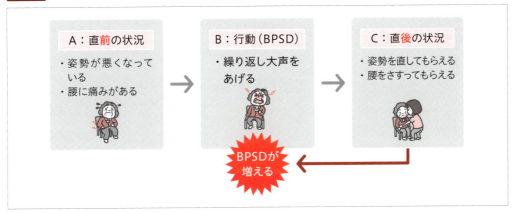

図2-2 BPSD原因の仮説②（ABC分析チャートの上段）

だめに来てくれる」といった好ましい状況が生じている（C）という仮説が立てられました。

また図2-2のように直前の「姿勢が悪く，腰痛が悪化している」状況（A）で，「大声をあげる」ことにより（B），直後に「職員に姿勢を直してもらえ，腰をさすってもらえる（腰痛が軽減する）」といったように好ましい状況が生じている（C）可能性も考えられました。

このABC分析を3コマのイラストにすると，図3のようになります。

❸ ステップ3 支援計画を作成し，実施する

図3の「A：直前の状況」もしくは「C：直後の状況」を変えることが支援の方向性となります。ケア会議では以下のように支援計画の検討を行いました。原因に応じた支援計画を考えるこの段階で，支援決定モデル（p42参照）を用いることがあります。

図3 大声が起こる流れ（ABC分析）

A：直前の状況

・周りに話のできるような知っている人がいない（不安）
・姿勢が悪くなっている
・腰が痛い

B：行動（BPSD）

・繰り返し大声をあげる

C：直後の状況

・職員がなだめに来てくれる（安心）
・姿勢を直してもらえる
・腰をさすってもらえる

1.「A：直前の状況」を変える

BPSDの原因となっている直前の状況を変えたり，BPSD以外の行動（ポジティブな行動）が起こりやすい状況を作り出します。本事例においては次の表2のような直前の状況を変える支援を考えました。

表2 直前の状況の支援

BPSDの原因となっている 直前の状況を変える支援	ポジティブな行動が起こりやすい 直前の状況を作り出す支援
●リビング内で職員をよく見渡せる場所に誘導し，座ってもらう（不安を軽減する） ●姿勢が崩れないようにクッションを用いる	●「腰痛の状態を聞く」など腰に注意が向くような話題は避け，その他の話題で関わりをもつ ●Aさんの好みのビデオを流しておく

2.「C：直後の状況」を変える

直後の状況への支援としては，BPSDが起こってしまった際には，過度な対応をしないようにします。BPSDではなく，ポジティブな行動が起こった後に，本人にとって良い状況を作ることが重要です。この事例においては次の表3のような直後の状況を変える支援を考えました。

表3 直後の状況の支援

ポジティブな行動が起こった際の対応	BPSDが起こってしまった際の対応
●ビデオを見ているときに，そのことを話題にしてかかわりをもつようにする	●大声をあげたときには，腰をさすってあげるといったような過度な対応は控える

3. BPSDとポジティブな行動の流れをABC分析チャートに整理する

上記の直前と直後の状況を変えるための支援を，ABC分析チャート（p141参照）に整理すると図4のようになります。直前への支援により，直前の悪い状況を改善できれば，Aさんが大声をあげることによるメリットがなくなるので，BPSDを予防することにつながります。また直前の状況を変えることでポジティブな行動が起こる可能性が高まります。そしてポジティブな行動が起こった直後に支援を行うことで，そのような行動を増やしたり，安定させることにつながります。その結果としてBPSDが起こる回数や持続時間を減らすことができます。

このABC分析を3コマのイラストにすると，図5のようになります。

4. 支援計画を立てる

これらの仮説をもとに表4のような支援計画を立てて実行しました。

図4 支援計画作成シート（ABC分析チャート）

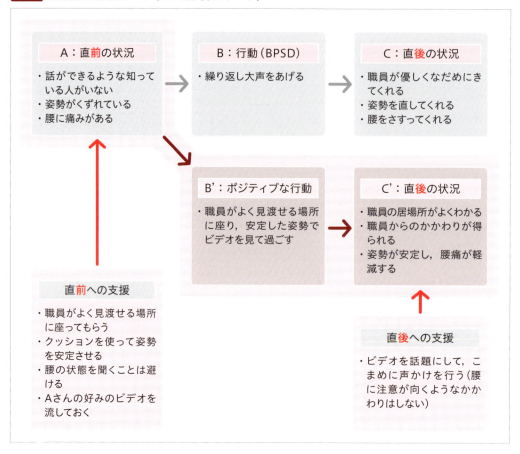

❹ ステップ4 結果の評価と支援計画の修正を行う

　以前は，Aさんに座ってもらう場所は特に決められておらず，職員を見渡すことのできない場所で，他の入居者に囲まれるように座っていることが多くありました。夕方そのような時間が長くなると，Aさんは自力で移動することができないため，職員を探すように身体を動かし，座る姿勢が徐々に悪くなっていました。それにより腰痛が悪化している可能性が考えられました。

　このような状況で，大声をあげると，直後に職員が姿勢を直してくれたり，腰をさすってくれたりして，腰痛が軽減するというAさんにとって良い状況が生じていました。また知っている人が見当たらないという不安な状況から，大声をあげることで，職員がなだめに来てくれるという結果が得られていることも考えられました。

　新しく行動分析に基づいて作成した支援計画（表4）を実行したところ，職員をよく見渡せる場所に座ってもらうことで，常に職員が近くにいることがわかるようになりました。また，大声をあげなくても職員のかかわりを得られるようになりました。さらにクッションを使用することで姿勢が崩れることも少なくなりました。

図5 予想されるポジティブな行動の流れ（BPSD改善の流れ）

A：直前の状況

- 職員がよく見渡せる場所に座ってもらう
- クッションを使って姿勢を安定させる

B'：ポジティブな行動

- 職員がよく見渡せる場所に座り，安定した姿勢でビデオを見て過ごす

C'：直後の状況

- 職員の居場所がよくわかる
- 職員からのかかわりが得られる
- 姿勢が安定し，腰痛が軽減する

Aさーん。今，お茶を入れますね

表4 支援計画

支援計画
目的：職員がよく見渡せる場所で安心して，退屈せず過ごせるようにする
時間帯：16：00〜17：00
支援内容： ［直前の状況を変える支援］ ①リビング内の職員をよく見渡せる場所に誘導し，座ってもらう ②姿勢が崩れないようにクッションを用いる ③Aさんの好みのビデオをつけておく ［直後の状況を変える支援］ ④ビデオを見ているときには，そのことを話題にしてかかわりをもつ ⑤大声をあげたときには，腰をさするといった過度な対応は控える

図6 Aさんの大声の回数の変化

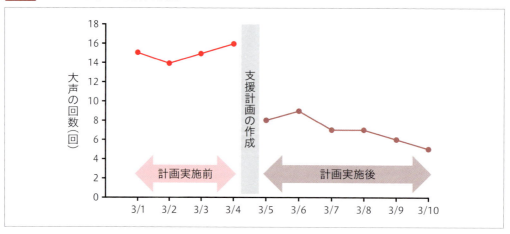

本事例では支援計画を変更する前後に，継続してBPSD頻度記録用紙（p140参照）を用いて「大声」の回数を記録し，グラフ化（図6）したところ，新たな支援計画の実施により大声の発生回数が半数以下にまで改善していることがわかりました。

C O L U M N

行動がもっている意味を考える重要性
―機能的アセスメント―

　この事例では，「大声をあげる」ことで，直後に職員が駆けつけてくれ，優しくなだめてくれるといった良い結果が得られていました。一方で，同じ「大声をあげる」といった行動でも逆の意味をもつことがあります。

　たとえば施設では，大声をあげることで，嫌いな他入居者が怖がって逃げていくということがあると思います。この場合，嫌いな人との接触を避けられるという良い結果が得られていることになります。

　つまり同じ「大声」という行動でも，一方は人のかかわりを得るための行動であり，他方は人とのかかわりを避けるための行動であり，もっている意味が真逆であるといえます。行動のもっている意味が逆ということは，支援の方法も逆になります。

　この意味を取り違えてしまい，かかわりを求めて大声を出している人に，優しくなだめるといったかかわりを支援として実施してしまうと，このBPSDは繰り返されることになります。また人との接触やかかわりを避けるために大声をあげている人を，うるさいからといって居室に誘導して一人にしてあげると，こちらもBPSDが繰り返されることになります。行動のもつ意味をとり違えると，支援が逆効果になり，BPSDが悪化することにもなりかねません。

　「大声」に対してはこのケアが良いという決まった対応策はなく，同じ大声というBPSDでも，もっている意味や原因に応じたケアを行う必要があるということです。

　このように行動の機能（はたらき）や意味を調べて，対応策を考える方法は「機能的アセスメント」と呼ばれています。

Ⅰ Ⅱ Ⅲ Ⅳ Ⅴ　実践編―BPSD別行動分析によるケアの実際

2. 抑うつや不安への対応

1 抑うつについて

　抑うつは，認知症の初期の段階でよくみられるBPSDの1つです。アルツハイマー型認知症や血管性認知症でも比較的多くみられますが，特に近年注目されているレビー小体型認知症では，初期の段階からうつのような症状が見られる場合が多く，うつ病と間違えられやすいことが知られています。

　介護施設においては，特に施設になじめていない入居者が居室に引きこもってしまったり，一日中居室で横になって過ごしているということも見られます。このような状態を放っておくと，日常生活動作（ADL）が徐々に低下し，最終的には自分では何もできない廃用症候群になる可能性があります。

　ここでは，これまでできていた行動が失われてしまった「居室へのひきこもり」の事例を通して，行動分析の基本的な流れに沿った支援を考えていきましょう。ABC分析を用いてポジティブな行動を促す方法について具体的に説明していきます。

2 事例紹介

●居室にひきこもりがちのBさん

　アルツハイマー型認知症の診断を受けている80歳の女性Bさんは，デイサービス（通所介護）とショートステイ（短期入所生活介護）を利用していましたが，混乱が強く，不安の訴えや興奮もあり，在宅介護が困難になり，グループホーム（認知症対応型共同生活介護）に入居して1年が経っていました。

　グループホーム入居後のBさんは，居室のベッドで横になって過ごす時間が長くなっていました。そして長時間居室に一人でいると，不安や物盗られの訴えが出ることもあるということでした。また最近では居室にひきこもったまま夕食に出てくることも少なくなってしまいました。もともとは社交的な性格であったにもかかわらず，ひきこもりがちになったことを家族は憂慮していました。

Bさんの認知機能は中等度から重度に障害されていましたが，簡単なコミュニケーションはとることができました。要介護度は3で，ADLは歩行，食事，排泄はほぼ自立しており，入浴時に着替えの準備や促しが必要な程度でした。

❶ ステップ1 BPSDに関する情報収集を行う

1 インタビューによる情報収集

居室にひきこもってしまう原因について見当をつけるために，情報収集を行う施設職員が「BPSDの原因を特定するためのインタビュー記録用紙」(p136参照)を用いて，対象者をよく知る人にインタビューを行いました。インタビューの結果，施設職員から表1の色文字で示したような情報が得られました。

最近のBさんは，食事の時間以外ほとんど一日中，居室で過ごしているということでしたが，不安や物盗られの訴えを起こすことが多いのは夕方でした。夕方の時間帯，いったんBさんがリビングのソファに座っても，他入居者がリビングに集まってくると，Bさんは居室に戻っていってしまうことが多いということでした。一方で，職員は夕食の準備や他入居者のトイレ誘導などに手をとられ，Bさんとかかわりをもつ時

表1 BPSDの原因を特定するためのインタビュー記録用紙（一部抜粋）

BPSD（抑うつ）が起こる直前の状況について
1. 時間帯：BPSDが最も起こりやすい時間と，最も起こりにくい時間はいつですか？
最も起こりやすい時間帯：一日中。特に不安の訴えなどにつながりやすいのは夕方
最も起こりにくい時間帯：食事の時間
3. 人：誰（スタッフ，他入居者，家族など）と一緒のときにそのBPSDが最も起こりやすいですか？　また最も起こりにくいですか？
最も起こりやすい人：リビングで他入居者が周りにいるとき
最も起こりにくい人：職員が一緒にいるとき
4. 活動：どんな活動を行っているときにBPSDが最も起こりやすく，最も起こりにくいですか？
最も起こりやすい活動：15時のお茶の時間の後
最も起こりにくい活動：食事の時間
5. 人が多かったり，騒がしい状況を嫌がっている様子はありますか？
他入居者が近くに来ると嫌がるような表情を浮かべる

間が短いことがわかりました。

2 直接観察による情報収集

次に施設職員がBさんのBPSDを直接観察し、「ABC分析記録シート」(p139参照)を用いて記録をとったところ、図1の色文字で記されているような直前と直後のより詳細な情報が得られました。

Bさんが居室にひきこもり、不安や物盗られの訴えにつながってしまうときの状況としては、夕方、Bさんがリビングのソファで過ごしていた後に多く見られました。詳しく説明すると、Bさんは15時のおやつを食べおわると、リビングのソファに誘導されていました。その後リビングに他の入居者も集まりはじめると、Bさんは居室へ戻っていき、そのままひきこもってしまうことが多く見られました。居室に戻った後は、引き出しの中を確認したり、アルバムを見ているようで、その時間が長くなると、時々職員のもとに出てきて、不安や物盗られについて訴え、興奮につながることもありました。

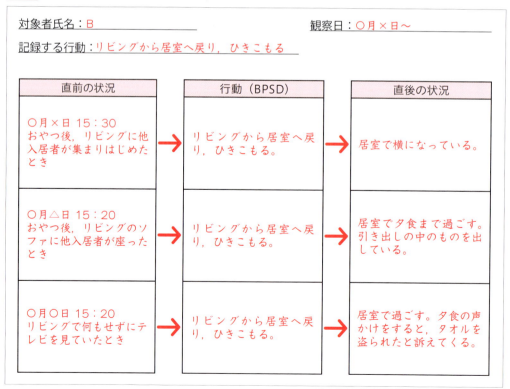

図1 ABC分析記録シート(一部抜粋)

❷ ステップ2　BPSDの原因を分析する（ABC分析）

　次に施設職員が参加するケア会議にて、インタビューと直接観察で得られた情報を使ってABC分析を行いました。図2-1のように居室にひきこもり、不安や物盗られを訴えることが多いのは、夕方、Bさんがリビングのソファで一人で過ごしていた後でした。少しすると、おやつを食べ終わった他入居者がリビングに集まってきて（A）、Bさんはそのタイミングでリビングから居室に戻って行きました（B）。その際のBさんの表情は不安そうであったり、険しい表情になることもありました。その後居室では一人でベッドに横になっていることもありました（C）。

　このように直前の本人にとって不安な状況が（A）、居室に向かい、ひきこもることで（B）、直後に安心できる良い環境に変化している（C）可能性が考えられます。

　また別の原因として、図2-2のような可能性も考えられます。この仮説でも、直前の何もすることがないという退屈な状況が（A）、居室に向かうことで（B）、引き出しの中のものを取り出せたり、アルバムを見たりして退屈をしのげている（C）可能性が考えられます。このような状況の変化が起こっているため、リビングを避けて、居室に向かい、ひきこもることが多くなるとも考えられます。

　このABC分析を3コマのイラストにすると、図3のようになります。

図2-1　BPSD原因の仮説①（ABC分析チャートの上段）

図2-2　BPSD原因の仮説②（ABC分析チャートの上段）

図3 居室へのひきこもりの流れ（ABC分析）

A：直前の状況

- 夕方のリビングに馴染みの薄い他入居者が集まってくる（不安）
- 何もすることがない（退屈）

B：行動（BPSD）

- 居室に戻り，ひきこもる

C：直後の状況

- 馴染みの薄い人に囲まれる状況を避けられ，一人になることができる（安心）
- 一人で過ごせたり，退屈をまぎらわせる活動がある

この段階では，得られた情報を用いてBPSDの原因について仮説を立てているので，このように複数の仮説が考えられる場合があります。その場合，支援策も複数になります。

❸ ステップ3 支援計画を作成し，実施する

図2-1と図2-2の仮説の「直前」もしくは「直後」の状況を変えることが支援の方向性となります。この事例のケア会議では，以下のように支援計画を検討しました。

1.「A：直前の状況」を変える

BPSDの原因となっている直前の状況を変えたり，BPSD以外の行動（ポジティブな行動）が起こりやすい状況を作り出します。本事例においては次の表2のような直前の状況を変える支援を考えました。

表2 直前の状況の支援

BPSDの原因となっている 直前の状況を変える支援	ポジティブな行動が起こりやすい 直前の状況を作り出す支援
●夕方のリビング内に人ごみを避けることができるスペースを作る ●他の入居者には，Bさんにあまり近過ぎないところに座ってもらえるよう誘導する	●リビング内でBさんの好みの活動ができるように準備する

2.「C：直後の状況」を変える

直後の状況への支援としては，BPSDが起こってしまった場合には，過度な対応をしないことにしました。BPSDではなく，ポジティブな行動が起こった後に，本人にとって良い状況を作ることが重要です。本事例においては次の表3のような直後の状況を変える支援を考えました。

表3 直後の状況の支援

ポジティブな行動が起こった際の対応	BPSDが起こってしまった際の対応
●Bさんが好みの活動をしているときに，そのことを話題にしてかかわりをもつ	●過度な対応はしない

3. BPSDとポジティブな行動の流れをABC分析チャートに整理する

上記の直前と直後の状況を変えるための支援を，ABC分析チャート（p141参照）に整理すると図4のようになります。このような直前への支援により，直前の状況を改善できれば，Bさんがリビングから居室へ戻るメリットがなくなり，ひきこもりの予防につながります。また直前の状況を変えることでポジティブな行動が起こる（好みの活動に取り組む）可能性が高まります。そしてポジティブな行動が起こった直後に，

図4 支援計画作成シート（ABC分析チャート）

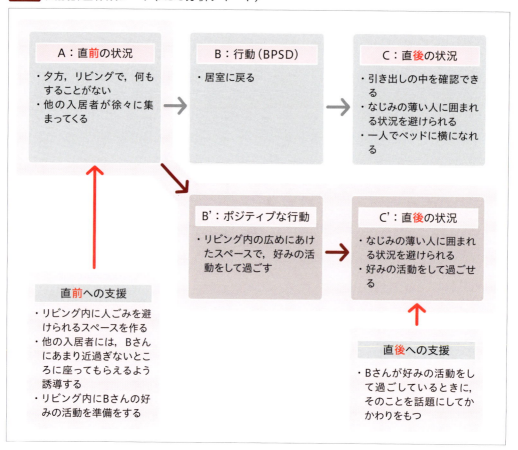

良い状況が生じるような支援を行うことで，好みの活動に取り組む時間が長くなります。その結果，BPSDが起こる回数や時間を減らすことができます。

このポジティブな行動のABC分析を3コマのイラストにすると，図5のようになります。

4. 支援計画を立てる

このような仮説をもとに，さらに効果的な支援計画を立てるため，次のようなことを考えます。PBSについてはp48で前述したとおりで，活動や軽作業を提供することが支援策として考えられた場合でも，ただ単に活動を提供するというだけでは認知症の人に対してはうまくいかない場合があります。その際，次の2点を考慮します（図6）。

❶今もっている能力（認知機能やADL，視聴覚の機能）を考慮する
❷好み（昔からの趣味，昔やっていた仕事など）を考慮する

認知症になっても，音楽が好きな人や，身体を動かしたいと思っている人，これま

図5 予想されるポジティブな行動の流れ（BPSD改善の流れ）

A：直前の状況

- リビング内に人ごみを避けられるスペースを作る
- 他入居者には，Bさんにあまり近過ぎない位置に座ってもらう
- リビング内にBさんの好みの活動を準備する

B'：ポジティブな行動

- リビング内の広めにあけたスペースで，好みの活動をして過ごす

C'：直後の状況

- 馴染みの薄い人に囲まれる状況を避けられる
- 好みの活動をして過ごせる
- 好みの活動を話題に職員とかかわりがもてる

図6 ポジティブな行動の選び方（再掲）

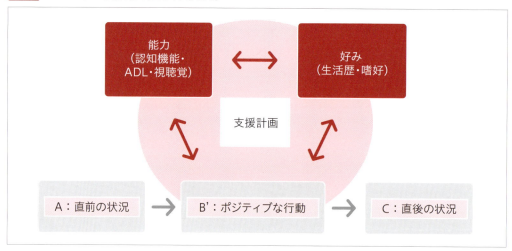

で家事しかしてこなかった人など個性はさまざまです。また昔はしていたことでも，今現在のその人にとっては難かし過ぎて取り組むことのできない活動もあります。できるだけ，やってみたいと感じ，かつ取り組むことができる活動を提供することで，その活動を楽しんでもらえ，取り組んでもらえる時間も長くなります。このような活動を日常のなかに埋め込むことで退屈感や不安感を軽減できれば，さまざまなBPSDの予防につながります。

　この事例のBさんは，昔から子どもや動物が好きで，現在も小さな子どもが施設を訪れると表情がとても明るくなっていました。また昔から読書も好きだったのですが，

表4 支援計画

支援計画

目的：夕方の時間帯，リビングの落ち着ける環境で楽しみをもつ

時間帯：15：30 〜 16：30

支援内容：
［直前の状況を変える支援］
①夕方，リビング内に人ごみを避けられるスペースを作る
②他の入居者さんには，Bさんからあまり近すぎないところに座ってもらえるよう誘導する
③リビング内にBさんの好みの活動（子どもの写真やアルバム）を用意する
［直後の状況を変える支援］
④雑誌や写真を見て過ごしているときに，そのことを話題にしてかかわりをもつ

現在は認知機能の障害が重度であるため，細かい文字や複雑な文章を読むということは難しくなっていました。このように好みや能力を加味して，BPSDの起こりやすい時間帯に子どもの写真や，アルバムを提供するということを計画しました（表4）。

❹ ステップ4 結果の評価と支援計画の修正を行う

以前の支援計画では，夕方の時間帯は他の入居者への介助が多かったため，Bさんに対する支援については具体的には決められていませんでした。そのようなことから，Bさんはおやつを食べ終わるとリビングに誘導されますが，それから特に何をするでもなく過ごし，周りに他の入居者が集まってくると，居室に戻ってしまっていました。そして居室で一人でいる時間が長くなると不穏になり，そのまま夕食にも出てこないということが増えてきました。

新しく行動分析に基づき作成した支援計画では，表4のように，夕方のリビング内に人ごみを避けられるスペースを作ることで，Bさんがリビングでも落ち着いて過ごせるようにしました。また退屈しないよう，好みの活動（子どもの写真やアルバム）を用意することになりました。

そして他の入居者には，Bさんにあまり近すぎないところに座ってもらえるよう誘導し，さらに落ち着いて過ごせるように計画しました。リビングで過ごしているときには，できるだけ職員が通りがかるたびに写真を話題にしてかかわりをもつことで，楽しみながら安心して活動に集中できるようにしました。

この事例では支援計画を変更する前後に継続して，居室にひきこもっている時間や，不安や物盗られの訴えの回数を記録しました。新たな支援計画の実施の結果，居室にこもる時間が短くなり，物盗られや不安の訴えの回数が減ったことがわかりました。またリビングで過ごす時間が増えていることもわかりました。単にBPSDを軽減させるだけでなく，自宅で暮らしていた頃のように日々の生活を充実させることが重要であり，行動分析によるケアでそれが実現し始めている事例でした。

実践編―BPSD別行動分析によるケアの実際

3. 徘徊への対応

1 徘徊について

　徘徊は最も対応の難しいBPSDの1つです。無理に止めようとすると興奮などさらに負担の大きいBPSDにつながることもあります。徘徊があると，転んでけがをしてしまったり，交通事故にあったりする危険性が高まります。また，道に迷って行方がわからなくなってしまう場合もあり，夏場の暑さや，冬場の寒さが生命の危険につながることもあります。

　しかし，徘徊にはいくつかのパターンや意味があるといわれており，他のBPSDと同様，その原因や理由を調べて対応することで軽減できる場合があります。行動分析は，行動の原因や意味を探る際に役立つため，ここでは徘徊に対する行動分析によるケアをみていきましょう。

2 事例紹介

● 徘徊し，繰り返し施設から出て行ってしまうCさん

　アルツハイマー型認知症の診断を受けている75歳の男性Cさんは，徘徊や興奮などが原因で在宅介護が困難になり，グループホームに入居して1年が経っていました。入居後もホーム内を歩きまわることが多く，職員が目を離した隙にグループホームを出て行ってしまい，これまで3度も行方不明になり警察に保護されていました。またグループホームを出て行こうとしたときに職員が気付き，連れ戻そうとして興奮や暴力につながることもありました。グループホームのある場所は交通量も多く，事故にあう可能性も考えられ，家族や職員にとっても大きな懸念材料となっていました。Cさんの要介護度は2で歩行は自立していましたが，これまで数回転倒したことがありました。認知機能の障害は重度で，会話の理解は難しく，話すことのできる言葉もかなり限られていました。

❶ ステップ1 BPSDに関する情報収集を行う

❶ インタビューによる情報収集

まず情報収集を行う施設職員が「BPSDの原因を特定するためのインタビュー記録用紙」(p136参照) を用いて，対象者をよく知る人にインタビューを行いました。本事例ではインタビューの結果，施設職員から表1の色文字で示したような情報が得られました。

Cさんが徘徊し，グループホームから出ていこうとする直前の状況ですが，時間帯は夕方が多く，場所はリビングや廊下からでした。夕方の時間帯，Cさんは一人でリビングや廊下を歩きまわっていることが多く，職員が目を離した隙にグループホームを出て行ってしまい，行方不明になったことがあるということでした。一方で，食事の時間に職員が一緒にいるときは座って過ごせることが多いということがわかりました。

❷ 直接観察による情報収集

次に施設職員がCさんのBPSDを直接観察し，「ABC分析記録シート」(p139参照) を用いて記録をとったところ，図1の色文字で記されているような直前と直後のより詳細な情報が得られました。

Cさんが徘徊し，グループホームを出て行こうとする直前の状況としては，夕方15時以降で，Cさんがリビングや廊下において一人で過ごしているときに多くみられました。職員はこの時間帯，夕食の準備や他の入居者のトイレ誘導を行っていまし

表1 BPSDの原因を特定するためのインタビュー記録用紙（一部抜粋）

BPSD（徘徊やグループホームを出て行こうとする）直前の状況について

1. 時間帯：BPSDが最も起こりやすい時間と，最も起こりにくい時間はいつですか？

   最も起こりやすい時間帯：夕方

   最も起こりにくい時間帯：食事の時間

3. 人：誰（スタッフ，他入居者，家族など）と一緒のときにそのBPSDが最も起こりやすいですか？　また最も起こりにくいですか？

   最も起こりやすい人：一人で過ごしているとき

   最も起こりにくい人：職員が一緒にいるとき

4. 活動：どんな活動を行っているときにBPSDが最も起こりやすく，最も起こりにくいですか？

   最も起こりやすい活動：夕方，リビングや廊下で一人で過ごしているとき

   最も起こりにくい活動：食事の時間

図1 ABC分析記録シート（一部抜粋）

た。そのためCさんに対するかかわりはほとんどありませんでした。Cさんが玄関から出て行こうとした直後の状況としては，気付いた職員が出て行かないように呼び止めて何とか連れ戻そうとしていることがわかりました。そして連れ戻そうとした際に，Cさんを怒らせてしまうこともありました。

❷ ステップ2　BPSDの原因を分析する（ABC分析）

次に施設職員が参加するケア会議にて，インタビューと直接観察により得られた情報を使ってABC分析を行いました（図2）。

図2 BPSD原因の仮説（ABC分析チャートの上段）

図3 徘徊し，外へ出ていこうとする行動の流れ（ABC分析）

A：直前の状況

・夕方，廊下に一人で退屈そうに，うろうろしている

B：行動（BPSD）

・徘徊し，グループホームを出て行こうとする

C：直後の状況

・職員が迎えに来てくれる
・職員と話ができる
・時には外に出られる

徘徊し，グループホームを出て行こうとする行動が見られる直前の状況として，時間帯は夕方であり，職員は他の入居者への対応をしていることが多く，Ｃさんはリビングや廊下で一人で過ごしていました（A）。そして，グループホームを出て行こうとすると（B），直後にＣさんが見当たらないことに気付いた職員が探しに行き，声かけをして連れ戻していることがわかりました（C）。

つまり一人で何もすることがなかった状況で（A），外に出て行こうとすると（B），直後に職員が迎えにきてくれたり，時には外に出られる（C）といったように良い状況が生じていることが分析できました。

このABC分析を3コマのイラストにすると，前頁の図3のようになります。

❸ ステップ3 支援計画を作成し，実施する

支援の方向性は図2・3の仮説の「直前」もしくは「直後」の状況を変えることとなります。この事例のケア会議では以下のように支援計画を検討しました。

1.「A：直前の状況」を変える

BPSDの原因となっている直前の状況を変えたり，BPSD以外の行動（ポジティブな行動）が起こりやすい状況を作り出します。本事例においては次の表2のような直前の状況を変える支援が考えられました。

表2 直前の状況の支援

BPSDの原因となっている 直前の状況を変える支援	ポジティブな行動が起こりやすい 直前の状況を作り出す支援
●夕方の時間帯は，できるだけ台所で職員と一緒に過ごしてもらう	●夕食の味見をお願いする（Cさんは男性であることから，台所での手伝いとして，味見からお願いする） ●軽作業をしてもらったり，家事を手伝ってもらう ●リビングで好みのビデオやテレビ番組を流しておいたり，リビングに馴染みのものを置いておく

2.「C：直後の状況」を変える

直後の状況への支援としては，BPSDが起こってしまった際には，過度な対応をしないことにします。BPSDではなく，ポジティブな行動が起こった後に，本人にとって良い状況を作ることが重要です。この事例においては次の表3のような直後の状況を変える支援が考えられました。

表3 直後の状況の支援

ポジティブな行動が起こった際の対応	BPSDが起こってしまった際の対応
●夕食の味見などのお手伝いや軽作業をしてくれたときには，とても助かっているということを伝え，お礼を言う。さらにお茶を提供する ●ビデオやテレビを見ているときには，職員はCさんの前を通りがかるたびにできるだけそのことを話題にしてかかわりをもつ	●玄関から出て行こうとする行動が見られた際は，過度にかかわりをもたず，見守りながら安全を確認し，少し過ってから何気なく誘導して一緒に戻る

3. BPSDとポジティブな行動の流れをABC分析チャートに整理する

上記の直前と直後の状況を変えるための支援を，ABC分析チャート（p141参照）に整理すると図4のようになりました。

直前への支援により，直前の状況を改善できれば，Cさんが徘徊し，グループホームを出て行くメリットがなくなり，BPSDの予防につながります。また直前の状況を変えることでポジティブな行動（軽作業や手伝い，もしくはビデオをみるという行動）が起こる可能性が高まります。さらにその直後に支援を行うことで，ポジティブな行

図4 支援計画作成シート（ABC分析チャート）

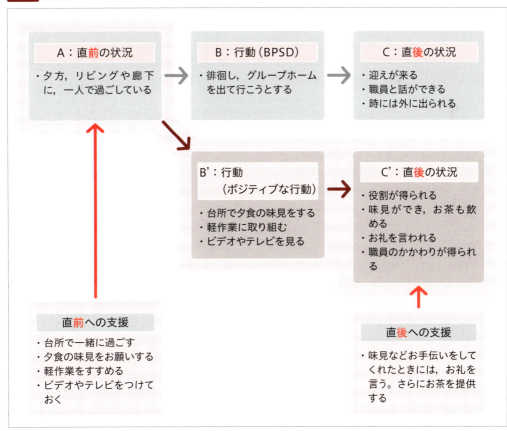

図5 予想されるポジティブな行動の流れ（BPSD改善の流れ）

A：直前の状況

- 職員から台所で夕食の味見を頼まれる

B'：ポジティブな行動

- 台所で夕食の味見をする

C'：直後の状況

- 役割が得られる
- 夕食の味見ができ，お茶を出してもらえる
- お礼を言われる
- 職員のかかわりが得られる

表4 支援計画

支援計画

目的：夕方の時間帯，屋内で退屈せずに楽しみをもって過ごす

時間帯：15：30 〜 17：30

支援内容：
［直前の状況を変える支援］
①台所で一緒に過ごしてもらう
②夕食の味見をお願いする
③「①〜②」が難しかった場合，軽作業をすすめる
④「③」が難しかった場合，リビングでビデオやテレビをつけておく

［直後の状況を変える支援］
⑤夕食の味見などお手伝いをしてくれたときには，とても助かっているということを伝え，
　お礼を言い，お茶を提供する
⑥軽作業に取り組んでくれたときや，ビデオやテレビを見ているときにかかわりをもつ

動を増やしたり，安定させることができます。そしてその結果としてBPSDが起こる回数や時間を減らすことができると考えられました。

　このポジティブな行動のABCを3コマのイラストにすると，前頁の図5のようになります。

4. 支援計画を立てる

　これらの仮説をもとに表4のような支援計画を立てて実行しました。

❹ ステップ4 結果の評価と支援計画の修正を行う

　以前の支援計画では，夕方の時間帯のCさんに対するかかわり方については具体的には決められていませんでした。グループホームの出入り口に安全のため，アラームをつけていましたがアラームが鳴ったときの対応について具体的には決まっておらず，職員は出て行こうとしたCさんを説得してリビングへ連れ戻すことが多くなっていました。このようにCさんにとっては，職員とのかかわりをもてることが好ましい結果となっていた可能性がありました。

　新しく行動分析を用いて作成した支援計画では，表2のように，夕方の時間帯は台所で夕食の味見などをお願いして一緒に過ごしてもらうことになりました。また台所での手伝いが難しいときには，リビングでCさんの好みのビデオやテレビ番組を流

しておくことになりました。そして，手伝いをしてくれた後には，とても助かっているということを伝え，その都度ねぎらうこととしました。その後さらにお茶を提供し，座って休んでもらうことが計画に加わりました。

一方，グループホームを出て行こうとする行動がみられた場合には，過度にかかわりをもたず，見守りながら安全を確認したうえで，数分時間が経ってから，リビングのほうに何気なく誘導して一緒に戻れるようにしました。

この事例では支援計画を変更する前後に継続して，Ｃさんが「玄関から出て行こうとする」回数を記録したところ，新たな支援計画の実施により，その回数が半数以下にまで改善していることがわかりました。

COLUMN

いわゆる"帰宅願望"への対応
―気をそらすテクニック―

特に夕方になると落ち着かなくなり，「そろそろ家に帰らせていただきます」や「家に帰らないといけないの」と繰り返し訴えたり，施設を出て行こうとしたりする，いわゆる"帰宅願望"の見られる施設入居者が多くいます。一般的には，帰りたい気持ちを受容したり，共感したりして，家のことについて話を聞くという対応が良いとされています。しかし，このような対応だけだと，なかなか訴えがおさまらず，対応に苦慮することも多いと思います。これは帰宅願望の訴えが起こった後に，受容や共感をするという対応を行っているため（本人にとって好ましい結果が得られているため），よりその話が深くなっていき，帰宅願望がおさまらなくなっていることが考えられます。

このような場合，「気をそらすテクニック」というものが有効です。このテクニックは話題を別のポジティブな内容に変えることで気分を変え，施設内で落ち着いて過ごしてもらえるようにする方法です。ただし，帰りたいと言っている人に，いきなり単純に話題を変えようとしたり，説得したりすると，真っ向から拒否・否定されたと感じ，「今それどころじゃないの！　家に帰らなきゃいけないの！」という感じで怒られてしまうでしょう。

そこで行動分析を用いた気をそらすテクニックを紹介します。まず「場所を変えてお部屋でゆっくりお話を聞きましょう」とか，「ではお部屋で家に帰る準備をしましょう」と言って，話す場所を変えます。このように対応すると，受け入れてもらったと感じてもらえるため，誘導に応じてくれる可能性が高くなると思います。そして居室へ移動する途中では，窓の外の風景などが見えて，周りの環境が自然に少しずつ変わることになります。すると別の話題が自然に出るようになることもあり，さらに居室に着くと，また環境が変わり，そこにあるものにつ

いて話をすることで，帰宅すること以外の話題がまた少し増えることがあると思います（ポジティブな言動が現れるように直前の状況を変える支援）。

　そしてこのようにポジティブな言動が起こった直後に「そうなんですか，もっと教えてください」などと言って深く共感したり，話題を広げていくと，帰宅すること以外の話題がさらに増えたり，その話が続くようになります（直後へのアプローチを行い，ポジティブな言動を安定化させる）。さらにお茶など好きな飲み物を提供して，飲みながら話をすることで，お茶の味などにも話題を広げることができ，さらに帰宅すること以外の話題を増やすことができます。徐々に気分を変え，その後，食事などの話題につなげ，美味しい夕食を食べてもらうのもよいでしょう。

　このように，少しずつ話題をずらしていき，そのたびに直後の状況を好ましいものにして，ポジティブな思考や話題を増やしていきます。そうしているうちに，特にアルツハイマー型認知症の人は帰宅するといったことは忘れてしまい，気分良く過ごせるようになることがあります。"帰宅願望"のような繰り返しの訴えにも行動分析を用いた気をそらすテクニックは非常に有効ですので上手に使ってみてください。

MEMO

4. 幻視への対応

1 幻視について

　人の五感それぞれに幻覚がありますが，なかでも幻視と幻聴が多いといわれます。幻視とは実際にはないものが見えることで，幻聴は実際にはない声や音が聞こえることをいいます。複雑な脳の機能の障害が原因となっており，せん妄により生じることも多く，感染症，脱水，薬にも注意が必要です。一方で，環境面でも幻視や幻聴を引き起こしたり，悪化させたりする要因があるといわれます。

　特にレビー小体型認知症の人では，幻視がみられることが多くなります。人や小動物，虫などがありありと見えることが多いといわれ，幻視に伴う妄想が起こることもあります。また錯視という，物の見間違えも多くなります。錯視では壁紙の模様が人の顔に見えたり，ゴミが虫に見えたりします。

2 事例紹介

●幻視がみられるDさん

　レビー小体型認知症の診断を受けている70歳の女性Dさんは，幻視や，それがもとで生じる妄想，興奮などが原因で在宅介護が困難になり，グループホームに入居して1週間が経っていました。入居後も，夜間に幻視が原因と考えられる大声が多くみられていました。この大声は夜間に多いため，他の入居者や職員に対する影響が大きく，また幻視がみられた日はDさん本人も睡眠時間が短くなり大きな負担となっていました。

　Dさんの要介護度は3で，歩行時にこれまで数回転倒をしたことがありました。また，ほとんど認知機能の障害がみられないような日もあれば，何を言っても話が通じないような日もあり，日によって状態が大きく変わりました。抗認知症薬を服用していましたが，最近の服薬の変更はありませんでした。

❶ ステップ1 BPSDに関する情報収集を行う

❶インタビューによる情報収集

　幻視やそれに伴う大声の原因について見当をつけるために，情報収集を行う施設職員は「BPSDの原因を特定するためのインタビュー記録用紙」(p136参照)を用いて，対象者をよく知る人にインタビューを行いました。本事例ではインタビューの結果，施設職員から表1の色文字で示したような情報が得られました。

　DさんのBPSDが起こりやすい直前の状況として，時間帯は夜間に多いということでした。場所はDさんの居室で，就寝時間帯であるため部屋は薄暗い状態でした。職員がDさんの就寝介助を終え，ベッドに入ったのを確認して居室を離れると，数分から数十分して居室から大声が聞こえることが多いということでした。

　職員がDさんの居室に向かうと，Dさんは興奮しており，「知らない男の人が自分の部屋の中にいる」という訴えがあることがわかりました。一方でこのような幻視は，日中リビングで過ごしているときには少ないということでした。

表1 BPSDの原因を特定するためのインタビュー記録用紙（一部抜粋）

BPSD（幻視の訴えがある）が起こる直前の状況について

1. 時間帯：BPSDが最も起こりやすい時間と，最も起こりにくい時間はいつですか？

　　最も起こりやすい時間帯：夜間，就寝時

　　最も起こりにくい時間帯：日中

2. 場所：BPSDが最も起こりやすい場所と最も起こりにくい場所はどこですか？

　　最も起こりやすい場所：居室

　　最も起こりにくい場所：リビング

6. 温度や湿度，照度（まぶしさ，暗さ）などがBPSDに影響を与えていませんか？

　　就寝時なので居室は暗い

8. 睡眠の状況を教えてください。睡眠のパターンはBPSDにどの程度影響を与えていると思いますか？

　　幻視が原因で興奮した日はあまり寝ていない

12. 前記以外に，何かある特定の状況や特殊な出来事で，BPSDの引き金となっていると思われるものはありますか？（たとえば，ある特定の指示をされる，服装など）

　　いつも同じ方向に男の人の幻視が見えるという訴えがある

2 直接観察による情報収集

次に施設職員がDさんのBPSDを直接観察し、「ABC分析記録シート」(p139参照)を用いて記録をとったところ、図1の色文字で記されているような直前と直後のより詳細な情報が得られました。

Dさんの幻視の訴えがあるときの状況としては、午後9時頃で、就寝時間に職員がDさんを居室に誘導し、職員が居室を離れた数十分後に最も多いこと、またその際、Dさんは居室に一人でおり、大声を聞いて職員がかけつけると、「知らない男の人が自分の部屋の中にいる」という訴えがあることもわかりました。そしてこの幻視が見えるのはいつも同じ方向でした。大声をあげた直後の状況としては、職員が「部屋の中にそのような人はいない」ということをDさんに説明していました。

その他、男の人がいるという幻視の訴えがあるときには、よくわからないことを言ってきたり、興奮していることが多く、職員が幻視であることを説明するとさらに興奮が強くなることもわかりました。一方で、職員が部屋の電気をつけると幻視が消えることがありました。

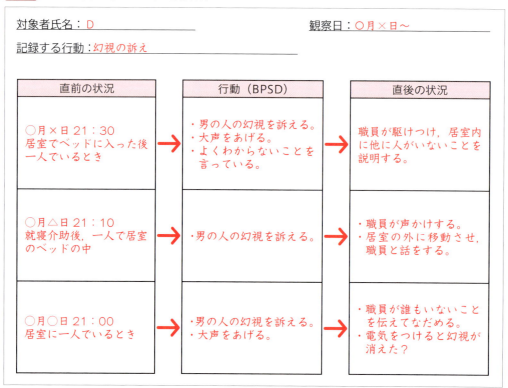

図1 ABC分析記録シート（一部抜粋）

❷ ステップ2 BPSDの原因を分析する（ABC分析）

次にケア会議にて，インタビューと直接観察により収集した情報を使ってABC分析を行いました（図2）。

幻視の訴えがあったときの状況として，時間帯は夜間で，場所は薄暗い居室でした。居室には物がたくさん置いてあり，幻視が見えるといった訴えのある方向にはハンガーに服がかかっていたり，写真や絵なども壁に貼られていて，それが錯視や幻視を誘発している可能性も考えられました（A）。そして「大声」をあげると（B），その直後に職員が居室を訪れ，誰もいないことを説明していました（C）。

このABC分析を3コマのイラストにすると図3のようになります。

図2 BPSD原因の仮説（ABC分析チャートの上段）

❸ ステップ3 支援計画を作成し，実施する

前述の仮説の「直前（A）」もしくは「直後（C）」の状況を変えるということが支援の方向性となります。この事例のケア会議では以下のように支援計画の検討を行いました。

1.「A：直前の状況」を変える

BPSDの原因となっている直前の状況を変えたり，BPSD以外の行動（ポジティブな行動）が起こりやすい状況を作り出します。

この事例においては次の表2のような直前の状況を変える支援を考えました。

表2 直前の状況の支援

BPSDの原因となっている直前の状況を変える支援
●夜間の居室の明るさを調整する（部屋の明かりを少し明るくする） ●幻視の訴えがある方向を片付ける（ハンガー，写真，絵などを片付ける） ●転倒予防のため，足元を片付ける

図3 幻視に伴う大声が起こる流れ（ABC分析）

A：直前の状況

- 夜間薄暗い部屋で一人でいる
- 壁にものがたくさんかかっていて，部屋がちらかっている

B：行動（BPSD）

- 大声をあげる
- 男の人がいるという幻視を訴える

C：直後の状況

- 職員が来てくれて，部屋には誰もいないと説明される

2.「C：直後の状況」を変える

直後の状況への支援としては，BPSDが起こってしまった際には，過度な対応をしないことにします。BPSDではなく，ポジティブな行動が起こった後に，本人にとって良い状況をつくることが重要です。

しかし，この事例の場合は，夜間帯に幻視が起こることが多いため，ポジティブな行動につなげたり，ポジティブな行動が起こった直後に好ましい変化を与えるということは現実的な対応ではありませんでした。そのため，この事例においては最低限，次の表3のようなBPSDが起こってしまった場合の対応を行うこととしました。

表3　直後の状況の支援

BPSDが起こってしまった場合の支援
●興奮など別のBPSDにつながる可能性があるため，はじめから幻視と決めつけて否定したり，その場で幻視であることを説明することは避ける
●妄想に発展する可能性があるため，過度に幻視を肯定するような対応は控える
●Dさんが転倒しないように座らせて，支えられ幻視をさえぎる位置で話を聞く

3. ABC分析チャートに整理する

上記の直前と直後の状況を変えるための支援を，ABC分析チャート（p141参照）に整理すると図4のようになります。図4のように直前への支援により，直前の状況を改善できれば，幻視を予防でき，Dさんが大声をあげるメリットがなくなります。さ

図4　支援計画作成シート（ABC分析チャート）

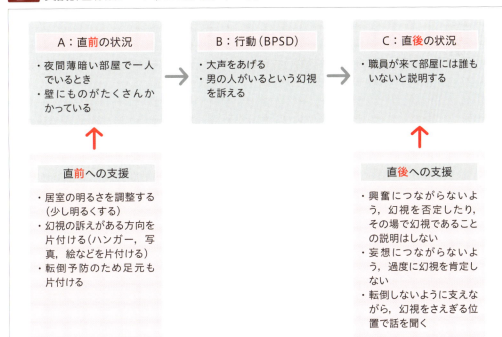

図5 予想されるポジティブな行動の流れ（BPSD改善の流れ）

A：直前の状況

- 部屋の明るさを調節する（少し明るくする）
- 幻視の訴えがある方向を片付ける
- 転倒予防のため、足元も片付ける

B'：ポジティブな行動

- 幻視が見えることなく、穏やかに眠りにつける

C'：直後の状況

- 起きたときの転倒などの事故に注意する
- 幻視に対しては過度な対応は控える

表4 支援計画

> **支援計画**
>
> 目的：幻視を予防し，落ち着いて十分睡眠がとれるようにする
>
> 時間帯：20:00〜22:00，就寝直前から就寝時
>
> 支援内容：
> ［直前の状況を変える支援］
> ①夜間の居室の明るさを調整する（少し明るくする）
> ②幻視の訴えがある方向を片付ける（ハンガー，写真，絵などを片付ける）
> ③転倒予防のため，足元を片付ける
>
> ［直後の状況を変える支援］
> ④転倒しないよう支えられ，幻視をさえぎる位置で話を聞く
> ⑤興奮など別のBPSDにつながる可能性があるため，最初から幻視と決めつけて否定したり，その場で説明することは避ける
> ⑥妄想に発展しないよう，幻視を過度に肯定するような対応は避ける

らに直後においては，幻視を否定したり，過度に肯定したりするような対応は改善することで，BPSDを悪化させたり，別のBPSDにつながらないようにします。

　このBPSDの改善の流れを3コマのイラストにすると，前頁の図5のようになります。

4. 支援計画を立てる

　これらの仮説をもとに表4のような支援計画を立てて実行しました。

❹ ステップ4 結果の評価と支援計画の修正を行う

　以前の支援計画では，グループホームに早く慣れてもらうためにDさんが慣れ親しんできたものを，できるだけ居室に置くことになっていました。男の人の幻視が見えるといった訴えのある方向には，写真や絵などが飾られており，ハンガーもかけてあるため，それらの物品や物影が幻視を誘発している可能性が考えられました。また居室が薄暗いことが見間違いに影響していることも考えられました。

　そして幻視の訴えがあった際に「職員はDさんを安心させる」ということが以前の計画には記されていましたが，具体的な対応方法については記載されておらず，ある職員はその場で「そのような人はいない」と説明し，Dさんの訴えを否定するような対応になっていました。また別の職員は，訴えに共感し過ぎて幻視を過度に肯定する

ような対応をしてしまい，妄想に発展させてしまっている可能性がありました。

　新しく行動分析に基づき作成した支援計画では，表4のように，男の人が見えるという訴えのあった方向に飾ってある写真や絵，ハンガーなどを片付け，物影もなくなるようにしました。また就寝時の居室の明るさを以前よりも少し明るくなるようにしました。

　またDさんが転倒しないように常に足元を整頓し，幻視の訴えがあった場合は，座らせてから幻視をさえぎる位置で話を聞くことで安全を確保することになりました。そのうえで，興奮など別のBPSDにつながらないように，その場で幻視を否定したり，男の人がいないということを説明することは避け，話に耳を傾ける程度にしました。また訴えがあった場合には，状況を変えるため，居室の明かりをつけて対応し様子をみることにしました。

　この事例では，支援計画を変更する前後に継続して「幻視の訴え」の回数と睡眠時間を記録したところ，新たな支援計画の実施により「幻視の訴え」の回数が減り，睡眠も十分にとれる日が多くなったことがわかりました。

COLUMN
支援の効果がみられないとき

　支援計画を実施しても効果があがらない場合に，どうすればよいのかということについても考えておく必要があります。そのような場合に効果があがらない原因のパターンに応じて，対応策を導き出すスタッフ・サポート・システム（SSS）が開発されています[1]。SSSは，支援計画を実施してもBPSDが改善しない場合，支援が計画通りに実施されているか（専門的にはこのことを「介入厳密性」という）ということや，支援計画そのものが適切かどうかを評価しながら，適切なケアを継続的に実施できるようにするシステムです（図）。

　つまり図の一番左のように，BPSDが改善せず，そのときに支援計画が実施されておらず，それが計画の実行のし忘れであった場合には，支援実施についてのチェック表を用いることで，計画の実施を促すことが有効になります（**タイプ1**）。

　一方，BPSDが改善せず，その際に支援計画が実施できておらず，それが職員のスキル不足であった場合には，個別の職員指導を行う必要があります（**タイプ2**）。

　最後に，支援計画は実施されているにもかかわらず，BPSDが改善しない場合は，支援計画自体が適切でない可能性があるので，計画を作成し直す必要があります（**タイプ3**）。

図 スタッフ・サポート・システム

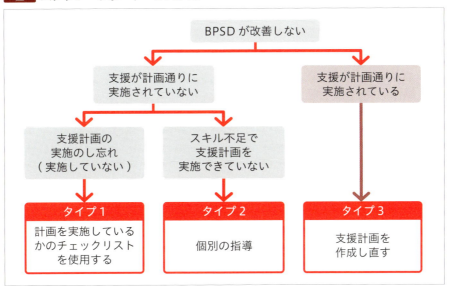

［文献］
1) 野口代, 河野禎之, 山中克夫：応用行動分析に基づくBPSDマネジメントの研修効果を維持するためのスタッフ・サポート・システム（SSS）の構築. 高齢者のケアと行動科学 21：13-33, 2016.

Ⅳ 実践編―BPSD別行動分析によるケアの実際

5. 物盗られ妄想への対応

1 物盗られ妄想について

　物盗られ妄想とは，認知症でよくみられる被害妄想の１つで，大切な物を盗られたと訴えるような症状を指します。財布や現金，通帳を盗られたと訴えることが多くみられます。

　物盗られ妄想では，最も身近な家族や介護職員が犯人として疑われることが多いようです。犯人扱いされた人が感情的になったり，理屈で言いくるめようとすると，興奮や暴力につながってしまうことがあります。

　ここでは，自宅で暮らす認知症の人の物盗られ妄想の対応事例をみていきましょう。

2 事例紹介

● 物が見つからないと嫁に助けを求め，さらに嫁に物を盗られたと訴えるEさん

　Eさんはアルツハイマー型認知症の診断を受けている83歳の女性です。現在，長男夫婦と一緒に暮らしています。長男は昼間仕事に出かけ，孫も独立していることから，ふだんEさんは長男のお嫁さんと過ごしています。

　1年半ほど前から，予定を忘れたり，同じ物を買ってくるなどの症状がみられ，約1年前に長男が付き添い病院を受診し，初期のアルツハイマー病の診断を受けました。これまで周囲が気をつければ大きなトラブルがなかったことから，介護保険などのサービスは使わなかったのですが，このところ，物の置き忘れがひどくなり，物が見つからないときには，「物がない」とお嫁さんに訴えてくるだけではなく，「あんたが盗ったんじゃないか」と犯人扱いするようなことが見られると言います。

　お嫁さんは，少しでもEさんとの関係を修復したいと思い，困っていそうなときに手伝おうとすると「年寄りは何もできないとバカにしているのか」と言って，つらく当たられることもあるそうです。どう付き合っていいかわからず，お嫁さ

んが病院の医師に相談したところで私たちに紹介されました。

❶ ステップ1 BPSDに関する情報収集を行う

❶ インタビューによる情報収集

BPSDの原因について見当をつけるために，「BPSDの原因を特定するための行動インタビュー記録用紙」(p136参照)に基づいてお嫁さんにインタビューを行いました（表1）。

その結果，表1の色文字で示したように，「物（バッグ，財布，お金）がない」「あなたが盗ったのではないか」という訴えは日中全般で起こっており，具体的には買い物に行こうとしたときや，これといってやることがない場合に多かったようです。逆に家事をする，テレビを見るなどの何かをしているとき，あるいは長男がいるときにはそうした訴えがほとんど見られないということでした。また，部屋が片付いていないことも物が見つからない要因になっていると考えられました。

❷ 直接観察による情報収集

在宅生活をされており，自宅にお邪魔して観察することができないので，お嫁さんに日頃のEさんの様子や行動を観察してもらい，「ABC分析記録シート」(p139参照)を使って，わかる範囲で書いてもらいました。その結果，図1の色文字で記されているような行動の直前と直後の情報が得られました。

「物（バッグ，財布）がない」「物（お金）が盗られた」という訴えがあったときの様子は，事前に得られたお嫁さんのインタビューの内容とほぼ一致していました。「物がない」というお嫁さんへの訴えが起こっている時間帯はさまざまでしたが，訴える直前の状況は，確かに買い物に出かけようとしたとき，あるいはこれといって何もすることがないときでした。訴えのあった直後では，お嫁さんが探すのを手伝い，物が見つかるのですが，そのことに釈然としない言葉を残していました。

しかし，物盗られの訴えは，お嫁さんが財布を見つけた後，しばらくしてから起こっており，具体的にはお嫁さんに財布の中のお金を盗った疑いをかけるものでした。

❷ ステップ2 BPSDの原因を分析する（ABC分析）

次にお嫁さんとともに，事前のインタビュー内容とお嫁さんの直接観察により得られた情報をもとにABC分析を行いました。ここではわかりやすく，今回のEさんの物盗られの訴えに関係する行動を，❶「物（財布等）がない」とお嫁さんに訴える場合と，❷お嫁さんに物盗られ（お金を盗られた）の疑いをかける場合の2通りに分けて考えました。

表1 BPSDの原因を特定するためのインタビュー記録用紙（一部抜粋）

BPSD（物盗られの訴え）が起こる直前の状況について

1. 時間帯：BPSDが最も起こりやすい時間と，最も起こりにくい時間はいつですか？

   最も起こりやすい時間帯：日中全般

   最も起こりにくい時間帯：

2. 場所：BPSDが最も起こりやすい場所と最も起こりにくい場所はどこですか？

   最も起こりやすい場所：自分の部屋

   最も起こりにくい場所：

3. 人：誰（スタッフ，他入居者，家族など）と一緒のときにそのBPSDが最も起こりやすいですか？　また最も起こりにくいですか？

   最も起こりやすい人：お嫁さん

   最も起こりにくい人：長男

4. 活動：どんな活動を行っているときにBPSDが最も起こりやすく，最も起こりにくいですか？

   最も起こりやすい活動：買い物に行こうとしたとき，何もしていないとき

   最も起こりにくい活動：家事をする，テレビを観るなど，何かをしているとき

12. 前記以外に，何かある特定の状況や特殊な出来事で，BPSDの引き金となっていると思われるものはありますか？（たとえば，ある特定の指示をされる，服装など）

    部屋が片付いていないこと

BPSD（物盗られの訴え）が起こった直後の状況について

13. BPSDを起こした後（結果），周囲の状況はどのように変わりますか？
    どのように対応されていますか？
    何か得られているものはありますか？（好みのもの，注目，快感）
    何か回避できているものはありますか？（嫌いな活動，人，物，不快感）

    対応としては，盗ったことについてとにかく否定し，一緒に探すことも多かった。なだめても興奮はすぐにおさまらないことが多かった。

その他の支援のための手掛かりについて

14. 本人の好きなものは何ですか？（食べ物，活動，物など）

    おしゃべり全般，料理，和菓子とお茶，好きな歌謡番組

■ 原因その1

　まず❶では，図2-1で示したように，「物（財布等）がない」とお嫁さんに訴える直前の状況として，当然のことながら，物が見つからない状況で起こっていました。部屋

図1 ABC分析記録シート

対象者氏名：E　　　　　　　　　　観察日：○月○日～○月○＋2日
記録する行動：物が盗られた，お嫁さんが犯人だと訴える

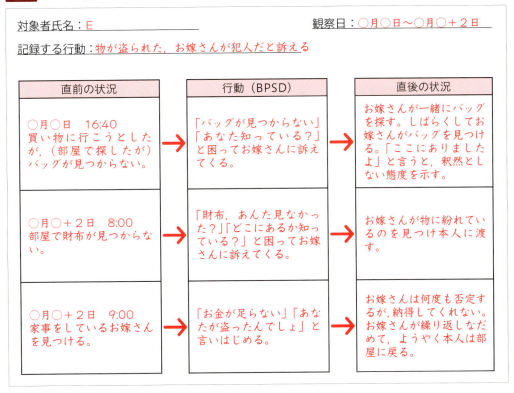

の中は散らかっており，物がいっぱいで，物を探しにくい状況でした。また，場面としては買い物に行こうとしたときや，これといってやることがない状況で起こっていました。

そのような状況で，お嫁さんが近くにいると(A)，お嫁さんに助けを求め(B)，直

図2-1 「物（財布等）がない」とお嫁さんに訴える行動の原因の仮説（ABC分析チャートの上段）

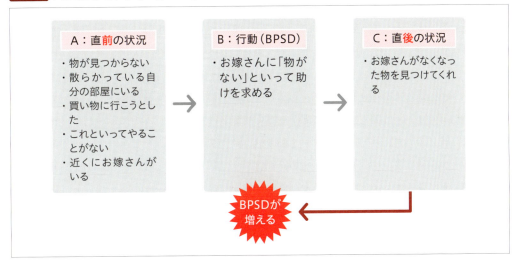

図2-2 「物（財布等）がない」とお嫁さんに訴える行動の流れ（ABC分析）

A：直前の状況

・散らかった部屋で財布が見つからなくて困っているところにお嫁さんが近くを通る

B：行動（BPSD）

・お嫁さんに財布がどこにあるか知らないかと尋ね、一緒に探してもらうように助けを求める

財布がないんだけど、あなた知らない？

またですか、この前もそうだったじゃないですか

C：直後の状況

・お嫁さんに財布をみつけてもらえる

ここにあるじゃないですか。よく探してください。こんなに散らかっていたら、見つかりっこないですよ

後の状況では，物をお嫁さんが見つけてくれるという，Eさんにとって，良い状況が生まれていました(C)。しかし，お嫁さんが物を見つけても，Eさん本人は置き忘れた自覚に乏しく，「変ねえ」などの釈然としない言葉を発していました。なお，Eさんは，お嫁さんに助けを求めること(B)は援助を要請した行動ですが，対応に追われるお嫁さんは，頻度が多いため厄介な行動(BPSD)であると思っています。

このABC分析を3コマのイラストにすると，前頁の図2-2のようになります。

2 原因その2

次に，❷のお嫁さんに「あなたが盗ったのではないか」と疑いの言葉をかける場合について説明します。この場合では，しばらく前に，お嫁さんに財布を見つけてもらった後，Eさんは自分の部屋で財布の中身を調べ，金額が少ないと感じたようです。

そして，図3-1のように，その直後に近くを通ったお嫁さんに対し(A)，「お金が足らない」「あなたが盗んでいるのではないか」という言葉をかけていました(B)。直後の状況では，お嫁さんが否定してもEさんはなかなか納得せず，お嫁さんがなんとかだめすかしてその場がおさまっていました(C)。

このABC分析を3コマのイラストにすると，図3-2のようになります。

図3-1 「あなたが盗ったのではないか」と疑いの言葉をかける行動の原因の仮説（ABC分析チャートの上段）

図3-2 「あなたが盗ったのではないか」と疑いの言葉をかける行動の流れ（ABC分析）

A：直前の状況

- お嫁さんに財布をみつけてもらう
- その後，本人は部屋で財布の中のお金を調べるが，思っていたより少ないことに気づく
- 近くにいるお嫁さんを見かける

B：行動（BPSD）

- お嫁さんに「お金が足らない」「あなたが盗ったんでしょ」という言葉をぶつける

C：直後の状況

- お嫁さんがかかわってくれてなだめてもらえる

❸ ステップ3 支援計画を作成し，実行する

　この段階では，お嫁さんだけではなく，Eさんの長男にも加わってもらい，行動が起こる「直前」と「直後」の状況を変えることを中心に計画を立てました。行動①：「物がない」とお嫁さんに訴える場合（図2参照）と，行動②：お嫁さんに「あなたが盗ったのではないか」と疑いの言葉をかける場合（図3参照）のそれぞれについて検討しましたが，お嫁さんにとって，より精神的に負担となっていた行動②の対応を優先し，計画を実行しました。

■1 行動②：「あなたが盗ったのではないか」と疑いの言葉をかける行動に対する計画

1.「A：直前の状況」を変える

　以下の表2に示したように，物やお金がなくなるなどの訴えがみられる場合には，たとえ物が見つかったとしても，ますます物やお金への注目・こだわりが強くなり，財布のなかのお金が少なくなっていないか調べたり，通帳を探したり，さまざまな確認・探索行動がみられるようになります。加えて置き忘れやお金を使った覚えがないと，誰かに盗られたのではないかと疑い，周りの人が犯人扱いされることがあります。また，これといった活動がない場合には，さらにそうした行動をとる機会を増やしてしまう可能性があります。

　そのため，このような確認・探索行動や物盗られの訴えが起こる直前の状況で，探していたものが見つかった後には，気分を変えるために，別の部屋でお茶に誘うなどの対応を行います。また，疑われるターゲットが，ふだん一緒に過ごしているお嫁さんであるため，長男にもできる限り，本人とかかわる時間を作ってもらうようにします。

　こうした直前の状況を作り出す支援として，まずお茶に誘うためには，好きなお茶やお菓子を知っておく，買っておくのがよいと思います。そして，お茶を飲んでもらった後，徐々に本人の好きな話題（好きな歌謡番組や歌手）に注意を移すために，番組を録画しておいたり，好きな歌手のCD，雑誌，記事を用意しておいたりします。

表2 行動②：直前の状況の支援

BPSDの原因となっている 直前の状況を変える支援	ポジティブな行動が起こりやすい 直前の状況を作り出す支援
●自分の部屋を離れ，気分を変えるために，お茶に誘う ●長男にかかわってもらい，できる限り一緒に過ごすことができる工夫をする	●好きなお茶やお菓子を買っておく ●お茶の後，みせる歌謡番組を録画しておく。好きな歌手のCD，雑誌，記事を集めておく

2.「C：直後の状況」を変える

　以下の表3に示したように，Eさんにポジティブな行動がみられ，たとえばお茶を飲みお菓子を食べ始めたら，お菓子のおいしさ，食べ物の思い出などの話題に広げ，録画した番組を見ているときには，その内容を話題にし，一緒に会話を楽しみます。本人が番組を熱心に見ているときは，時々その番組に関する話をする程度でよいと思います（もちろん，家族の皆さんも番組や会話を楽しみましょう）。

　一方，物盗られの訴えが基点となり，興奮が激しくなった場合には，少し落ち着いてから，直前の状況を変える支援と同様に，お茶に誘うなど，気分や注意を変えるために別の場所での活動に誘います。もしお茶に誘った際，まだ落ち着いていない様子が見られれば，無理に誘おうとはせず，少し経ってからまた誘うなどの対応を行います。この後の対応は，「直前の状況」と同様です。

表3 行動②：直後の状況の支援

ポジティブな行動が起こった際の対応	BPSDが起こってしまった際の支援
●好きな和菓子の話をしたり，録画した番組を見ている場合には，その内容を話題にする	●少し落ち着いてから，お茶やお菓子に誘うなど，別の場所や活動に誘う

3. BPSDとポジティブな行動の流れをABC分析チャートに整理する

　Eさんの行動の直前と直後の状況を変えるための支援について，ABC分析チャート（p141参照）に整理すると，図4-1のようになります。図4-1に示した行動の直前と直後の状況により，物を盗られたことに対するEさんの注意を別のことに移し，ポジティブな行動が生じやすくなると思います。その結果，物盗られの訴えも徐々に減ることが期待できます。

　このポジティブな行動のABCを3コマのイラストにすると図4-2のようになります。

4. 支援計画を立てる

　このような仮説をもとに，表4のような支援計画を立て，実行しました。

図4-1 行動②についての支援計画作成シート（ABC分析チャート）

A：直前の状況	B：行動（BPSD）	C：直後の状況
・お嫁さんに財布を見つけてもらった後，財布の中のお金が少ないことに気づく ・家にお嫁さんがいる	・お嫁さんに「お金が足らない」「あなたが盗っているのではないか」と言う	・興奮した本人をお嫁さんがなだめてくれる

B'：ポジティブな行動	C'：直後の状況
・お茶を飲む，お菓子を食べる ・お茶の後，好きな音楽番組を見たり，好きな歌手の話題をする ・お嫁さん以外の人（長男）とも過ごす	・お茶やお菓子を味わえる ・好きな番組や話題を楽しめる ・お嫁さん以外の人（長男）とも交流できる

直前への支援	直後への支援
・本人の部屋を離れ，気分を変えるために，お茶に誘う ・好きな歌謡番組の録画，好きな歌手のCD，雑誌，記事を用意しておく ・長男にかかわってもらい，できる限り一緒に過ごすことができる工夫をする	・好きな和菓子の話をしたり，録画した番組を見ている場合には，その内容を話題にする ・BPSDが起こってしまった場合には，少し落ち着いたところで，お茶やお菓子に誘うなど，別の場所や行動に誘う

M E M O

図4-2 行動②についての予想されるポジティブな行動の流れ（BPSD改善の流れ）

A：直前の状況

・別の場所でお茶に誘われる

B'：ポジティブな行動

・お茶を飲む。お菓子を食べる
・お茶の後，好きな音楽番組を見たり，好きな歌手の話題をする
・お嫁さん以外の人（長男）とも過ごす

C'：直後の状況

・お茶やお菓子を味わえる
・好きな番組や話題を楽しめる
・お嫁さん以外の人（長男）とも交流できる

表4 行動②についての支援計画

支援計画

目的：物やお金へのこだわりや物盗られの訴えによる興奮を軽減し，本人の部屋以外の場所で活動を楽しめるようにする

時間帯：財布などが見つかった後

支援内容：
［直前の状況を変える支援］
①本人の部屋以外でお茶を飲むことに誘う
②お茶を飲んだ後，徐々に好きな話題や活動に注意を移す
③長男ともできる限り過ごすことができる工夫をする

［直後の状況を変える支援］
④録画した歌謡番組や好きな歌手の雑誌等を見ているとき，その内容を話題にする
⑤BPSDが起こってしまった場合には，少し落ち着いてから，お茶やお菓子に誘うなど，別の場所や活動に誘う

---

❷行動①：「物がない」とお嫁さんに訴える（助けを求める）行動に対する計画

　物盗られの訴えに関するBPSDでは，訴えがエスカレートし，興奮したあるいは攻撃的な本人の行動に対し，どう対応していくかが直近の課題となります。しかし，そこまで事態が重くはないけれど，「物がない」「一緒に探してくれ」と頻繁に家族に助けを求める段階のケースも多いと思います。こうした状況への工夫は，物盗られの訴えの予防にもつながると考えられます。参考までに，ここでは，こうした「物がない」と，お嫁さんに頻繁に助けを求める行動への対応について解説します。

1.「A：直前の状況」を変える

　以下の表5に示したように，直前の状況を変える支援としては，まず部屋が散らかっている状態，置き場所が決まっていない状況を変える必要があります。しかし，他人が本人の部屋に入って掃除するのはなかなか難しいと思います。そのため，家全体，家族全員で行う大掃除のような機会をうまく利用します。また，長男にも協力してもらいながら，必要のない物を捨て，部屋を整理します。さらに，大事な物は置く場所を決めたり，本人から管理が難しいような発言が少し見られるようなら，物を預かる人を決めたりします。

　また，Eさんはもともと話し好きで活発な人でしたが，認知症が始まってから家で

何もすることがなく過ごすことが多くなっていました。このような極端に活動が減り，言うなれば時間をもてあましている場合には，気になることに注意が向きやすくなります。こうした場合，「あなたが盗ったのではないか」と疑いの言葉をかける行動に対する支援計画（表4参照）のところで示したことと同様に，本人が参加できるような活動機会をつくります。日中の活動を楽しんでもらうことで，気がかりなことに注意が向くことも少なくなります。そうしたことが本人のQOLの向上にもつながります。

　加えて，屋外の活動，たとえば介護予防サービスの活動への参加を勧めます。こうしたサービスでは，認知症で本人が失敗しそうな場面であっても，スタッフがさりげなくサポートしてくれるので，より活動を楽しむことができます。現在，通所サービスにはさまざまなタイプがあり，認知症が軽い段階では，説明や見学などを通じて，本人の好みに合ったものを選んで参加してもらいます。また，こうした活動は，基本的に健康を保ち介護のニーズが加わることを予防することを目指しているので，本人には参加しやすいように，健康を保つための教室や活動と説明するのも良い工夫です。

表5 行動①：直前の状況の支援

BPSD の原因となっている 直前の状況を変える支援	ポジティブな行動が起こりやすい 直前の状況を作り出す支援
●家全体の大掃除の機会を利用し，置き場所を決めることも含め，定期的に部屋の整理をする ●部屋の整理の際，長男にも手伝ってもらう（他の点も同様）	●屋内の活動のために，好きなお茶やお菓子，好きな歌謡番組の録画等を準備しておく ●屋内での家の手伝い，お茶，録画した歌謡番組の視聴に誘う ●屋外の介護予防サービスなどの健康のために活動に誘う

2.「C：直後の状況」を変える

　以下の表6に示したように，Eさんが自分自分で探し物を見つける行動をできる限り維持できるような工夫を行います。そのために，本人自身が見つけられたときには，周囲が本人と喜びを分かち合うことが重要です。

　そのうえで，物やお金への過度な関心や注目を減らしたり，そらすために，「お母さん，すみませんがこの後，○○を手伝ってくれませんか」と家事などの別の用事をお願いしたり，「探し物で疲れたでしょう。一息いれませんか」とお茶に誘ったりします。もちろん，家事などを手伝ってもらった後には，きちんとお礼を言います。

　そのように周囲から評価されることにより，EさんのQOLの向上が期待され，手伝いのレパートリーも増えることが予想されます。また，お茶を飲んだり，お菓子を食べたりしたときには，関連する話が広がるような配慮を行います。

　介護予防サービスなどの屋外の活動に参加してくれた場合には，家に戻ってきたときに，「おかえりなさい」「お疲れさま」と声をかけたり，「他の人たちも，明るいお母さんが来てくれて喜んでいるみたいですよ」と社会的な交流を促すような言葉を伝え

たりします。また，だんだんとEさんが健康に関する話題をするようになったら，身体によい体操や健康習慣などに関する話題を一緒に楽しみます。

一方，実際に「物がない」とお嫁さんに助けを求めてきた場合には，積極的に協力するとともに，できる限り本人自身で見つけられるように，家族は散らかった物を整理することを中心に手伝うようにします。

そのうえで，Eさん自身でなくなった物を見つけることができた場合には，本節の冒頭で述べたように，「見つかってよかったですね」と喜びを分かち合い，本人が自信をもつことにつながるような一言や，「この前，みんなで家の整理をしておいたから，すぐに見つかりましたね」など，継続的に部屋の整理を促すような一言を添えたりします。

表6 行動①：直後の状況の支援

ポジティブな行動が起こった際の対応	BPSD が起こってしまった際の支援
●自分で見つけられたときには，本人と喜びを分かち合う。その後，お茶などの別の活動に誘う ●手伝ってくれたことに対しお礼を言う ●お茶を飲んだり，お菓子を食べた後，「おいしいですね」などの声かけを行う ●一緒に番組を見たり，関連するおしゃべりする。その後，「今度また録画しておきますよ」などの声をかける ●屋外の活動に対して，「他の人たちも，明るいお母さんが来てくれて喜んでいるみたいですよ」と伝えたり，関連する健康の話題を楽しむ	●探し物の手伝いを頼まれたときには，積極的に物探しを手伝うが，Eさん自身で少しでも自分で見つけることができるように，家族はできるだけ物の整理に徹する ●他の家族が見つけたときには，別の場所でお茶などに誘う

3. BPSDとポジティブな行動の流れをABC分析チャートに整理する

上記の行動の直前と直後の状況を変えるための支援について，ABCの枠組みに整理すると，図5-1のようになります。このような支援により，自分で物を見つける割合が増え自信がもてる，手伝いをすることで家族から感謝される，参加した活動を楽しめるなど，本人のQOL上で良い状況が生まれると考えられます。

このポジティブな行動の流れを3コマのイラストにすると，図5-2のようになります。

4. 支援計画を立てる

このような仮説をもとに，表7のような支援計画を立て，実行しました。

図5-1 行動①についての支援計画作成シート（ABC分析チャート）

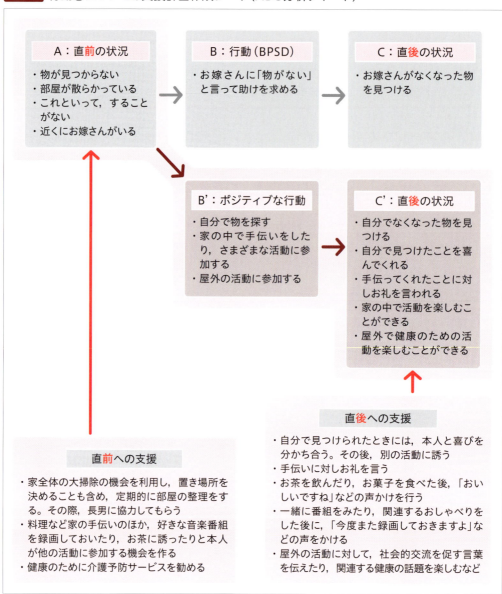

図5-2 行動①についての予想されるポジティブな行動の流れ（BPSD改善の流れ）

A：直前の状況

- 長男に協力してもらい，大掃除の機会を利用し，定期的に部屋の整理をする
- 手伝いに誘ったり，お茶を飲みながら，録画した音楽番組を見ることに誘うなど，活動に参加する機会を作る
- 介護予防の通所サービスの参加を勧める

B'：ポジティブな行動

- 自分で物を探す
- 家の中で手伝いをしたり，さまざまな活動に参加する
- 屋外の活動に参加する

C'：直後の状況

- 自分でなくなった物を見つける
- 自分で見つけたことを喜んでくれる
- 手伝ってくれたことに対しお礼を言われる
- 家の中で活動を楽しむことができる
- 屋外で健康のための活動を楽しむことができる

表7 行動①についての支援計画

支援計画

目的：本人自身で物を見つけやすくなる工夫と，屋内外の活動への参加を促す

時間帯：①部屋の片付けは大掃除のときを利用する
②お茶は15～16時，夕方に夕食の準備の手伝いのとき
③週2回の介護予防サービスのとき

支援内容：
［直前の状況を変える支援］
①家全体の大掃除の機会を利用し，置き場所を決めることも含め，定期的に部屋の整理をする。その際，長男に協力してもらう
②料理など家の手伝いのほかに，好きな歌謡番組を録画しておいたり，お茶に誘ったりと本人が他の活動に参加する機会を作る
③健康のために介護予防サービスの参加を勧める

［直後の状況を変える支援］
④自分で見つけられたときには，本人と喜びを分かち合う
⑤手伝いをしてもらった場合には，お礼を言う
⑥お茶を飲んだり，お菓子を食べた後，「おいしいですね」などの声かけを行う
⑦一緒に番組を見たり，関連するおしゃべりをする
⑧屋外の活動に対して，参加をねぎらう言葉を伝えたり，介護予防に関連する健康の話題を広げる・楽しむ
⑨探し物の手伝いを頼まれたときには，積極的に物探しを手伝うが，その際，家族はできるだけ物の整理に徹する。見つかったときには，④と同様に，本人と喜びを分かち合う

---

❹ ステップ4 結果の評価と支援計画の修正を行う

在宅介護の相談で，実際に難しいのは家族間の調整です。Eさんのケースでは，長男は50歳代後半で仕事が忙しい年代にありました。しかし，アポイントメントをとり実際に会い，お嫁さんが犯人扱いされている状況では長男の協力が不可欠であることを伝えると，長男の態度は一変しました。もともと長男は筋道を考え，物事を進める性格だったそうで，ポイントを挙げ計画的に行う対応法に理解を示してくれました。また，平日も調整してくれて，Eさんとできる限りかかわってくれるようになりました。

今回，検討した対応法のうち，物盗られの訴えの対応を優先し行いましたが，直前や直後の対応により，Eさんの訴えや興奮が少なくすることができました。さまざまなポジティブな行動支援を行うことにより，Eさんと家族との会話も増えていきました。Eさんの好きな歌や歌手の話をしているうちに，家族も音楽に興味をもつようになったと言います。また，Eさんからは「家族に優しい言葉をかけてくれることも増

えたように思う」と言います。その後，リハビリテーション中心の介護予防サービスに通ってもらえるようになり，その頃から物を盗られるという訴えはほとんど見られなくなりました。最近，家の掃除の折に，長男が大きなお金が入った財布や通帳などの大事なものを預かる話をもちかけたところ，本人は了承してくれました。これにより金銭に関するトラブルはさらに少なくなると考えられます。

C O L U M N

家族間の調整の大切さ

　Eさんのケースでは，もう1つ大切な点があります。それは，物盗られを疑われたお嫁さんのケアです。「物がない」と言われ，犯人扱いされ，追い込まれていたお嫁さんは，計画された行動分析による対応を果たして一人で実行できたでしょうか。

　Eさんのお嫁さんは育児や仕事をしていたわけではありません。そのため，直接関係のあるデータではありませんが，内閣府男女共同参画局[1]は育児と介護のダブルケアをしている有職者の調査結果を報告しています。結果では，ダブルケアを行う男性は半数以上が配偶者から「ほぼ毎日」手助けを得ているが，女性では4人に1人にとどまり，男性に比べ女性では，周囲から手助けが得られていない実態が明らかにされました。

　このデータをはじめ，わが国では親が要介護状態になった場合，家族介護を女性が一人で行っていることが依然として多い状況にあります。また，介護保険のサービスを十分利用できていないことも少なくありません。家族介護の相談では，こうした状況も考えながら進めていくことが重要となります。

　Eさんのケースでは，長男がお嫁さんに協力してくれたことがよかったと思います。相談の現場では，認知症により参加できる活動が減り，本人自身を孤立させないことと同時に，介護する家族を孤立させないことも重要です。行動分析による対応を行う際には，こうした家族間の調整も大切です。

［文献］
1）内閣府男女共同参画局：育児と介護のダブルケアの実態に関する調査. 2016.
　http://www.gender.go.jp/research/kenkyu/pdf/ikuji_point.pdf （2018年1月17日アクセス）

6. 介護への抵抗（入浴や排泄の介助拒否）への対応

実践編―BPSD別行動分析によるケアの実際

1 介護への抵抗（入浴や排泄の介助拒否）について

認知症の人が入浴や着替え，服薬などのさまざまな介助に応じてくれなかったり，拒否することは珍しくありません。介助への拒否が続くと，介護者の負担になるだけではなく，本人の健康面や衛生面に影響があらわれるため，大きな問題となることがあります。

介助を拒否する理由は人によりますが，介助をする際の環境やかかわり方，声かけの仕方が原因となっていることも多くあります。また認知症の人は，介助を拒否する理由を自分でうまく説明できなかったり，介助されているということが理解できず抵抗することもあるため，介護者の側で工夫して原因をつきとめ，ケアを行わなければなりません。

2 事例紹介

● 入浴介助への拒否がみられるFさん

アルツハイマー型認知症の診断を受けている80歳の男性Fさんは，入浴などを拒否することが多く，在宅での介護が困難となり，1年前にグループホームに入居しました。入居後も，自分から入浴することがなかったため，職員がFさんに入浴を促していましたが，「（入らないで）いい」と拒否することが多いということでした。

そしてここのところ，さらに入浴への拒否が強くなり，職員はもう何週間も入浴をしていないことを伝え，入るように説得をするとFさんは怒って大きな声を出すようになったということです。また別の日には脱衣所まで誘導はできましたが，服を脱がそうとした際に，怒って大きな声を出し，職員に手をあげることもありました。このような状態が続き，Fさんは何週間もお風呂に入れておらず，職員はFさんの入浴介助に大きな負担を感じていました。

Fさんは認知症が重度に進行しており，会話の理解が難しく，話せる言葉も限られていました。要介護度は3で歩行は自立しており比較的自由に歩けていましたが，更衣や排泄，入浴に介助が必要でした。

❶ ステップ1 BPSDに関する情報収集を行う

◼ インタビューによる情報収集

BPSDの原因について見当をつけるために，情報収集を行う施設職員が「BPSDの原因を特定するためのインタビュー記録用紙」(p136参照)を用いて，対象者をよく知る人にインタビューを行いました。

本事例ではインタビューの結果，施設職員から表1の色文字で示したような情報が得られました。Fさんが入浴を拒否しやすい状況として，時間帯は夕方，場所は居室で，職員がお風呂に誘いに行ったとき，もしくは脱衣所で服を脱がそうとしたときに拒否や抵抗が多いことがわかりました。

表1 BPSDの原因を特定するためのインタビュー記録用紙(一部抜粋)

BPSD(入浴拒否)が起こる直前の状況について

1. 時間帯：BPSDが最も起こりやすい時間と，最も起こりにくい時間はいつですか？

   最も起こりやすい時間帯：夕方

   最も起こりにくい時間帯：

2. 場所：BPSDが最も起こりやすい場所と最も起こりにくい場所はどこですか？

   最も起こりやすい場所：居室，脱衣所

   最も起こりにくい場所：

3. 人：誰(スタッフ，他入居者，家族など)と一緒のときにそのBPSDが最も起こりやすいですか？　また最も起こりにくいですか？

   最も起こりやすい人：A職員

   最も起こりにくい人：B職員

4. 活動：どんな活動を行っているときにBPSDが最も起こりやすく，最も起こりにくいですか？

   最も起こりやすい活動：入浴を勧めたとき，脱衣の介助中

   最も起こりにくい活動：食事への誘いには拒否は少ない

❷ 直接観察による情報収集

次に施設職員がFさんのBPSDを直接観察し、「ABC分析記録シート」(p139参照) を用いて記録をとりました。その結果、下記の色文字で記されているような直前と直後のより詳細な情報が得られました(図1)。

Fさんが介助を拒否することが多い時間帯は、午後4時前後でした。暗くした居室で横になっている状態で、職員から入浴を促す声かけをされたときや、脱衣場で服を脱がされそうになったときに拒否や抵抗がみられました。また、Fさんが拒否した直後の状況としては、職員は入浴介助をあきらめて、別の人の入浴介助や別の業務に向かったり、本人が出て行ってしまったりして、入浴はできていませんでした。

❷ ステップ2 BPSDの原因を分析する(ABC分析)

次に施設職員が参加するケア会議にて、インタビューと直接観察により得られた情報を使ってABC分析を行いました。このとき、職員により拒否のされ方が異なる場合には、意見を出し合って、対応の仕方を比べてみることが大切です。

Fさんにとって浴室に向かったり、服を脱ぐといった負担になるような直前の状況が(A)、「介助を拒否したり、抵抗したりする」ことで(B)、直後に負担を免れている(C) ことが考えられました(図2-1、図2-2)。

図1 ABC分析記録シート(一部抜粋)

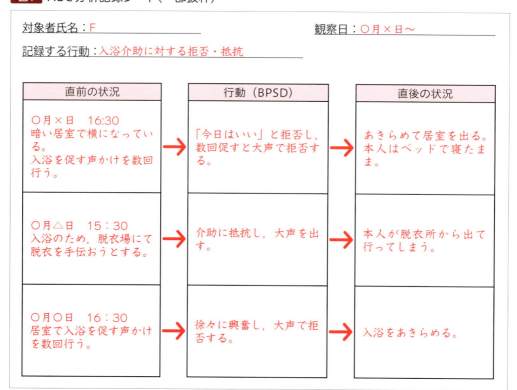

図2-1 BPSDの原因の仮説①（ABC分析チャートの上段）

図2-2 BPSDの原因の仮説②（ABC分析チャートの上段）

このABC分析の流れを3コマのイラストにすると，図3のようになります。

MEMO

図3 介助拒否の流れ（ABC分析）

A：直前の状況

・居室で寝ているときに入浴するよう促される

B：行動（BPSD）

・介助に対して拒否や抵抗をする

C：直後の状況

・職員が介助をあきらめ，入浴せずにすむ

❸ ステップ3 支援計画を作成し，実施する

図2-1と図2-2の仮説の「直前」もしくは「直後」の状況を変えるということが支援の方向性となります。この事例のケア会議では以下のように支援計画を検討しました。

1.「A：直前の状況」を変える

BPSDの原因となっている直前の状況を変えたり，BPSD以外のポジティブな行動が起こりやすい状況を作り出します。この事例においては次の表2のような直前の状況を変える支援を考えました。

表2 直前の状況の支援

BPSDの原因となっている 直前の状況を変える支援	ポジティブな行動が起こりやすい 直前の状況を作り出す支援
●ベッドに横になっているときではなく，起きてリビングにいるときに誘う ●あえて入浴とは言わずに脱衣所まで誘導する ●湯舟を見せてから，脱衣を促す ●入浴をする予定の日には，脱ぎやすい服装でいてもらう ●複雑で長い指示ではなく，ジェスチャーを交えて1つひとつ介助する（たとえば，「服を脱いで，お風呂に入りましょう」といって脱がそうとするのではなく，「まず靴下を脱ぎましょうか」と靴下を指さしてから介助するなど）	●入浴剤を入れたり，脱衣所を温めておくなどして，お風呂場の環境を整えることで少しでも楽しみになるような工夫をする

2.「C：直後の状況」を変える

直後の状況への支援としては，BPSDが起こってしまったときには，過度な対応をしないことにします。BPSDではなく，ポジティブな行動が起こった後に，介護者は本人にとって良い状況を作ることが重要です。この事例においては次の表3のような直後の状況を変える支援が考えられます。

表3 直後の状況の支援

ポジティブな行動が起こった際の対応	BPSDが起こってしまった際の対応
●促しに応じてくれたり，介助が進むたびにねぎらうようにし，ゆっくりと次の声かけを行う ●入浴が終わった後に，本人の好きな飲み物などを提供する	●拒否があったときには，あまり大きな反応はしない。改めて時間が経って落ち着いているときに，可能であれば別の職員がお風呂に誘う

3. BPSDとポジティブな行動の流れをABC分析チャートに整理する

上記の直前と直後の状況を変えるための支援を「ABC分析チャート」(p141参照)に

図4 支援計画作成シート（ABC分析チャート）

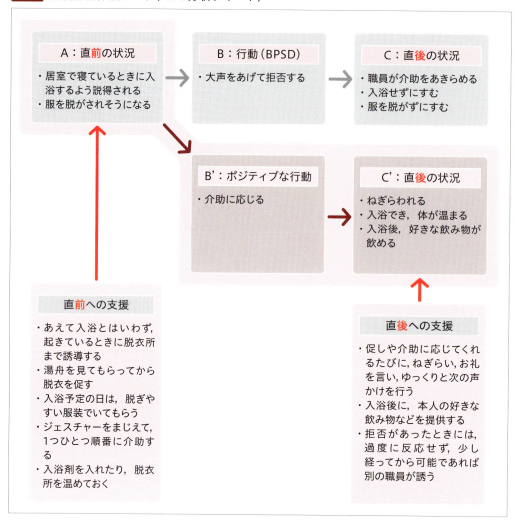

整理すると図4のようになります。直前への支援により、直前の悪い状況を改善できれば、Fさんが大声をあげ拒否するメリットがなくなり、BPSDの予防につながります。

また直前の状況を変えることでポジティブな行動（促しや介助に応じる行動）が起こる可能性が高まり、その行動が起こった直後に本人にとって良い状況が生じるような支援を行うことで、ポジティブな行動を安定させたり、増やすことができます。その結果としてBPSDが起こる回数や時間を減らすことができます。

このポジティブな行動のABCを3コマのイラストにすると、図5のようになります。

4. 支援計画を立てる

このような仮説をもとに、表4のような支援計画を立て、実行しました。

図5 予想されるポジティブな行動の流れ（BPSDの改善の流れ）

A：直前の状況

- 起きてリビングの椅子に座っているときに，あえて入浴とは言わず，脱衣所まで誘導する
- 湯船の見える位置に座ってもらう
- 脱衣所を温めておき，気持ちの良さそうなお風呂を見てもらってから脱衣を促す
- ジェスチャーを交えて，1つひとつ介助する

B'：ポジティブな行動

- 介助に応じる

C'：直後の状況

- 促しや介助に応じるたびに職員からお礼を言われる
- 気持ちの良いお風呂に入れて，体が温まる
- 入浴後に好きな飲み物を飲める

表4 支援計画

支援計画

目的：週に２回は入浴をして，清潔で心地よい生活を送る

時間帯：15：30 ～ 16：30

支援内容：
［直前の状況を変える支援］

・あえて入浴とは言わず，起きているときに脱衣所まで誘導する
・湯舟を見てもらってから脱衣を促す
・入浴予定の日には，脱ぎやすい服装でいてもらう
・複雑で長い指示ではなく，ジェスチャーを交えて，１つひとつ順番に介助を行う
・入浴剤を入れたり，脱衣所を温めておく

［直後の状況を変える支援］

・促しや介助に応じてくれるたびにねぎらい，ゆっくりと次の声かけを行う
・入浴が終わった後に，本人の好きな飲み物などを提供する
・拒否があったときには，過度な反応はせずに，時間が経って落ち着いているときに可能であれば別の職員がお風呂に誘う

---

❹ ステップ4 結果の評価と支援計画の修正を行う

　以前の支援計画では，職員は決まった日にＦさんの入浴介助を行うことが記されていました。しかし，Ｆさんに入浴を促したり，服を脱いでもらったりするための具体的な方法は特に決められておらず，職員ごとに異なる対応がなされていました。そのため寝ているときに入浴を促されるといったように，Ｆさんにとって負担が大きい対応になっていることがありました。また拒否された際の対応や，応じてくれたときの対応についても具体的には書かれていませんでした。

　新しく行動分析に基づき作成した支援計画では，表4のように，Ｆさんが起きており，お風呂場から近い場所にいるときに，あえて複雑なことは言わず誘導するようにしたところ，浴室に向かうことが多くなりました。また入浴剤が入ったお風呂を見せると関心を示すこともありました。そして，介助の際にも複雑で長い指示ではなく，ジェスチャーを交えて，してもらいたいことを１つひとつ順に介助することで，応じてくれることが多くなりました。

　介助や促しに応じてくれたときには，そのたびにお礼を言い，ねぎらうことで，職員とコミュニケーションをとる時間も長くなりました。それにより入浴以外の楽しい

話題も増えて，注意がお風呂以外のことに向き，脱衣の介助への抵抗が減ったのではないかとも考えられました。

　そして拒否があったときには過度な反応はせず，時間が経って落ち着いているときに，改めて別の職員がお風呂に誘うことになりました。

　この事例で，支援計画を変更する前後に継続して入浴した日を記録したところ，以前は何週間もお風呂に入れていませんでしたが，新たな支援計画の実施により週に1回以上入浴できるようになりました。このようにしてFさんはグループホームにおいて清潔で快適な日常を送ることができるようになりました。

MEMO

COLUMN

ケアラーセンタード・パーソンフォーカスト・アプローチ
―介護者が中心となり，認知症の人の立場から
原因を考え個別に行うケア―

　英国のニューカッスルでは，ケアラーセンタード・パーソンフォーカストと呼ばれるアプローチが示され，施設職員と外部専門家とが協働をして，BPSDのケアを行う実践・研究が行われています[1]。これは，介護者が中心となり，認知症の人の立場から原因を考え個別にケアを行うという意味ですが，ケアラーセンタードと，パーソンフォーカストという2つの考えから成っています。

　まずケアラーセンタードという考え方についてですが，ケアを行うためには，その人の日常での生活や行動に関する情報が必要になります。しかし，特に施設に入居するような重度の認知症の人は，自分の生活状況やニーズ，意思を正確に他者に伝えることが難しくなってきます。そのような場合，認知症の人の行動に関する最も重要な情報を提供してくれるのは最も近くにいる介護者（ケアラー：在宅であれば家族介護者，施設であれば介護職員）ということになります。また本人に毎日かかわりをもつ（ケアを行う）のも介護者になります。そのため，介護者が中心となって支援計画を作成する必要があるということを強調しているのです。そのようにすることで初めて，効果的でかつ実行可能な支援計画が作成できるようになるとされています。

　次にパーソンフォーカストについては，BPSDを考える場合，その原因は人それぞれ多様で，またさまざまな要因が重なり合って生じています。そのため，BPSDに対しては集団的なプログラム（リアリティ・オリエンテーションや回想法など）よりも，一人ひとりに合わせたオーダーメイドなアプローチが必要になります。つまり認知症の人，一人ひとりのその場における思いやBPSDのもつ意味を理解するための枠組みであるABC分析が効果的というわけです。

[文献]
1)James IA: Understanding behaviour in dementia that challenges: A guide to assessment and treatment. Jessica Kingsley, London, UK, 2011.

第 V 章

付録

巻末資料1 BPSD の原因を特定するためのインタビュー記録用紙

BPSD の原因を特定するためのインタビュー記録用紙

BPSD が起こる直前の状況について

1. 時間帯：BPSD が最も起こりやすい時間と，最も起こりにくい時間はいつですか？

    最も起こりやすい時間帯：＿＿＿＿＿＿＿＿＿＿＿＿＿＿＿＿＿＿＿＿

    最も起こりにくい時間帯：＿＿＿＿＿＿＿＿＿＿＿＿＿＿＿＿＿＿＿＿

2. 場所：BPSD が最も起こりやすい場所と最も起こりにくい場所はどこですか？

    最も起こりやすい場所：＿＿＿＿＿＿＿＿＿＿＿＿＿＿＿＿＿＿＿＿＿

    最も起こりにくい場所：＿＿＿＿＿＿＿＿＿＿＿＿＿＿＿＿＿＿＿＿＿

3. 人：誰（スタッフ，他入居者，家族など）と一緒のときにその BPSD が最も起こりやすいですか？　また最も起こりにくいですか？

    最も起こりやすい人：＿＿＿＿＿＿＿＿＿＿＿＿＿＿＿＿＿＿＿＿＿＿

    最も起こりにくい人：＿＿＿＿＿＿＿＿＿＿＿＿＿＿＿＿＿＿＿＿＿＿

4. 活動：どんな活動を行っているときに BPSD が最も起こりやすく，最も起こりにくいですか？

    最も起こりやすい活動：＿＿＿＿＿＿＿＿＿＿＿＿＿＿＿＿＿＿＿＿＿

    最も起こりにくい活動：＿＿＿＿＿＿＿＿＿＿＿＿＿＿＿＿＿＿＿＿＿

①

巻末資料1 つづき

5. 人が多かったり，騒がしい状況を嫌がっている様子はありますか？

6. 温度や湿度，照度（まぶしさ，暗さ）などがBPSDに影響を与えていませんか？

7. BPSDに影響を与えているかもしれない医療上の問題や身体の状態がありますか？（たとえば，アレルギー，発疹，鼻炎，発作，喘息など）

8. 睡眠の状況を教えてください。睡眠のパターンはBPSDにどの程度影響を与えていると思いますか？

9. 食事の日課と食事内容，食事量，空腹感について教えてください。それがBPSDにどの程度影響を与えていると思いますか？

10. 排泄の状況について教えてください。それがBPSDにどの程度影響を与えていると思いますか？

11. どんな薬を服用していますか？　それがBPSDにどんな影響を与えていると思いますか？

②

巻末資料1 つづき

12. 前記以外に，何かある特定の状況や特殊な出来事で，BPSD の引き金となっていると思われるものはありますか？（たとえば，ある特定の指示をされる，服装など）

_____

_____

BPSD が起こった直後の状況について

13. BPSD を起こした後（結果），周囲の状況はどのように変わりますか？
どのように対応されていますか？
何か得られているものはありますか？（好みのもの，注目，快感）
何か回避できているものはありますか？（嫌いな活動，人，物，不快感）

_____

_____

その他の支援のための手掛かりについて

14. 本人の好きなものは何ですか？（食べ物，活動，物など）

_____

_____

あなたが本人と一緒に何かを行うときや支援をするときに，どのようなことを行うべきで，どのようなことを避けるべきだと思いますか？

15. 本人との活動がうまく行えるようにするには，何を改善すればよいと思いますか？

_____

_____

16. 本人の BPSD を予防するためには，どのようなことを避けるべきだと思いますか？

_____

_____

③

巻末資料2 ABC分析記録シート

ABC分析記録シート

対象者氏名：_____　　観察日：_____

記録する行動：_____

直前の状況	→	行動（BPSD）	→	直後の状況
	→		→	
	→		→	
	→		→	
	→		→	
	→		→	

巻末資料3 BPSD頻度記録用紙

BPSD頻度記録用紙

_____ 月 _____ 日 _____

氏名： _____

行動（BPSD）： _____

行動が起こったら，回数に○をつけてください

時間帯											
9：00〜12：00	1	2	3	4	5	6	7	8	9	10	それ以上
12：00〜15：00	1	2	3	4	5	6	7	8	9	10	それ以上
15：00〜18：00	1	2	3	4	5	6	7	8	9	10	それ以上
18：00〜21：00	1	2	3	4	5	6	7	8	9	10	それ以上

巻末資料4 支援計画作成シート（ABC分析チャート）

支援計画作成シート

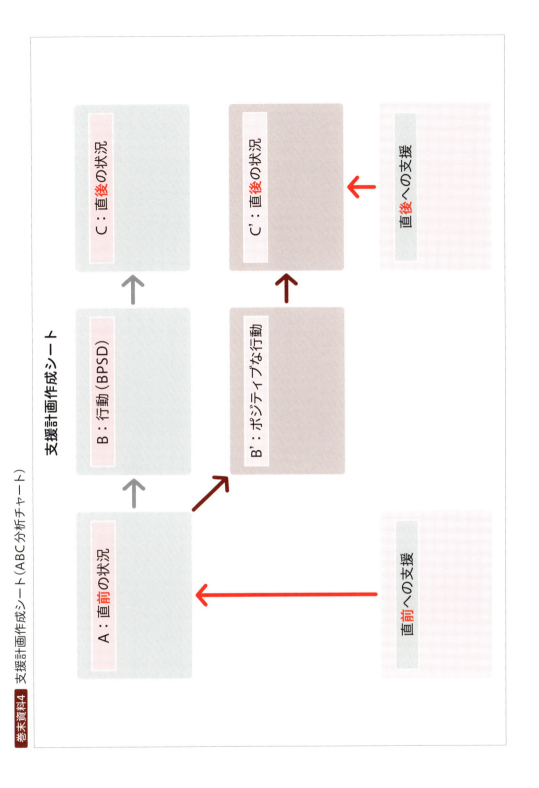

巻末資料5 支援計画

支援計画

目的：

時間帯：

支援内容：
［直前の状況を変える支援］
①
②
③

［直後の状況を変える支援］
④
⑤
⑥

MEMO

あとがき

研修できるようにすること，楽しくすすめること

　筆頭著者の野口代氏は，介護職として働きながら，「応用行動分析に基づく認知症の行動・心理症状（BPSD）への対応に関する介護職員研修・支援システムの効果と維持」というテーマで，私の研究室で博士論文を書きました。その当時から野口氏と私は，介護現場で行動分析やそれに基づく研修をどうやったら広められるか，常々話し合っておりました。広めるためにはまずはテキストが必要なわけですが，なかなか，かかわってくれる出版社がみつからない。幸いなことにその後，出版社がみつかりましたが，よいものを作るためにずいぶんと時間を要しました。ですから，本書の完成は感慨深いものがあります。

　本書でとりあげた行動分析に基づく研修ですが，これはBPSDを軽減させるうえで最も効果のある手法とされています。行動分析のモデルは他の技法に比べてシンプルでわかりやすい。そうしたことが効果の要因になっていることは間違いありません。しかし，私は研修，つまり人を育てることも重要な点になっていると感じています。専門家でもなく，認知症本人に最も身近に接している職員に直接研修することで，最も大きな効果を得られるわけです。

　ところが，介護現場で研修することは簡単なことではありません。わかりきったことではありますが，介護の仕事は本当に大変です。人手がぎりぎりなところが多く，また勤務形態上の理由から全員そろって出席することは難しい。となると，ケアで意思統一できない可能性がある。研修の長さや回数などの面で，職員が参加しやすい工夫が何より大切なことを知りました。今後はたとえば，勤務の一環として対価が支払われたり，必須資格のポイントにカウントされるような研修の在り方を各方面に働きかけていく必要があると思っています。

　また，本書の執筆で参考にさせてもらった米国の研修プログラム（STAR）の開発者の一人であるマッカリー先生が来日した折，先生に研修の進め方の工夫やコツについてうかがったことがあります。先生は，いの一番に「楽しくやる」ということを挙げました。研修自体を，参加者にとって主体的・積極的にかかわれるような，楽しい場にしていかないといけないわけですね。それなら，興味をもってもらえるようなテキストを作ることも重要なはずです。野口氏の意見もあり，本書ではたくさんのイラストやマンガを使って具体的に内容を説明し，興味を持ってもらえるようにこころがけました。

　しかしそれでも，現実には研修の時間をとることが難しいという方のために，高知大学の數井裕光先生のプロジェクト（後述）で，情報技術がご専門の東京医

療保健大学の小杉尚子先生の協力のもと，ウェブサイト「認知症ちえのわnet」に行動分析を活用した「認知症対応方法発見チャート」を新設していただきました。こうしたウェブコンテンツを使って，行動分析に関連した事柄について理解し実践してもらうだけでも，日頃の対応で改善されることもあると思います。しかし，それだけでは難しい，物足らないと感じた方に本書を用いた本格的な研修に参加してもらう。そのような2段階の学びの場を設定しました。

　ところで，本書は主として認知症の人をケアする側である介護者や，介護者の研修にかかわる専門家の立場から書かれたものです。しかし，認知症本人のことを考えずに一方的に執筆したわけではありません。コラムでも記しましたが，周囲の人が困っているBPSDも，実は本人も困っていて，それが行動化したものであることを理解する。そして，本人が何に困っているのかを突き止め，そうしたBPSDの繰り返しを止め，本人，周囲の介護者の双方のQOLを向上させようとする。行動分析はそうした両者の視点に立ったものです。

　文中で使用する言葉についても，本人と介護者の両者の立場を意識し，野口氏や編集担当者とずいぶん話し合いました。それでも限界はありました。たとえば，「対応」という言葉ですが，これは通常，問題や課題に対して使われる言葉だと思います。両者の立場を考えると「支援」という言葉を使いたい。しかし，どうしてもこの言葉が合わない場合もあります。たとえば，両者にとって問題ならば，「対応」という言葉がよい。ですが，これもコラムで述べたことですが，表現も大切ですが最も重要なことは，みんなの問題解決や幸せに向かって取り組む「姿勢」だと思っています。そうした「姿勢」について，本書を通じて皆さんと共有できるようになるとよいと思います。

　なお，本書は，日本医療研究開発機構（AMED）の認知症研究開発事業「認知症者等へのニーズ調査に基づいた『予防からはじまる原因疾患別のBPSD包括的治療指針』の作成と検証研究」（課題番号JP19dk0207034）の成果の一部を公表したものです。代表の數井裕光先生，医学的な点についてご助言いただいた高知大学の樫林哲雄先生に厚く御礼申し上げます。また，長い間，編集にかかわってくださった中央法規出版の星野氏にも御礼申し上げます。

　最後に本書が多くの研修で役立てられますこと，読者の皆さんのお手元に長く置いていただけますことを願っております。

2019年7月

山中克夫

さくいん

欧文

ABC分析	017, 032
ABC分析記録シート	060, 139
ABC分析チャート	061, 141
ABC分析の手順	034
BPSD	002, 008
BPSDが起きる例	040
BPSDの原因	037
BPSDの原因を特定するためのインタビュー記録用紙	136
BPSDの対応の手順	017
BPSD頻度記録用紙	060, 140
FAST	003
PBS	048
SMARTな目標	063
SSS	105

あ

アルツハイマー型認知症	002, 004

い

意味性認知症	005
インタビュー記録用紙	057, 136

え

エピソード	002

お

応用行動分析	iii, 028

か

介護への抵抗	124
介助拒否	124
介入厳密性	105
海馬	003
かかりつけ医のためのBPSDに対応する向精神薬使用ガイドライン	010
家族間の調整の大切さ	123
活動を加える	012
代わりの行動を考える	012
環境	011

き

帰宅願望	094
機能的アセスメント	075
機能的分析	017
境界期	003
競合行動バイパスモデル	050
拒否	053, 124
気をそらすテクニック	094

く

薬を使わない対応	010
繰り返しの確認・要求	009

け

ケアラーセンタード・パーソンフォーカスト	134
軽度	008
軽度認知障害	003
結果	018
血管性認知症	005
幻視	096
幻聴	096
言動	015

こ

攻撃性	066
抗精神病薬	010
行動	015, 017
行動障害型前頭側頭型認知症	005
行動症状	015
行動・心理症状	002, 008
行動として表れた症状	015
行動分析	iii, 014, 028
後頭葉	003
興奮	066

さ

錯視	096

し

支援計画	063, 064, 142
支援計画作成シート	061, 141
支援決定モデル	042
実験的行動分析	iii
社会的妥当性	033

重度	008		に	
周辺症状	009	認知機能の低下		002
状況	011	認知症		002
状況を変えてみる	011	認知症対応方法発見チャート		039
消去バースト	043	認知症ちえのわnet		039
情報収集	056	認知症の行動・心理症状		002, 008
職員研修	019			
進行性非流暢性認知症	005		は	
心理症状	015	パーソン・センタード・ケア		023
		パーソンフォーカスト		134
す		徘徊		009, 086
随伴症状	009	バイパス・モデル		050
スタッフ・サポート・システム	105	罰		047
せ			ひ	
接し方	022	ひきこもり		079
先行条件	018	非定型抗精神病薬		010
前頭側頭型変性症	005	頻度記録用紙		060, 140
前頭葉	003			
せん妄	096		ふ	
専門家	018	ファスト		003
		不安		009, 076, 079
そ				
側頭葉	003		ほ	
側頭葉内側	003	暴言		066
		暴力		066
た		ポジティブな行動支援		018, 048, 051
対応の基本	010	ポジティブな行動の選び方		084
大脳皮質	003			
			も	
ち		物盗られ		079
チャレンジング行動	024	物盗られ妄想		106
中核症状	002	物忘れ		008
中等度	008	問題行動		008, 024
直後の状況	018			
直後の状況に対する支援方法のチャート図	045		や	
直後の状況の支援	062	薬物治療		010
直後の状況を変える(支援)	043			
直前から直後まで状況を変える(支援)	049		よ	
直前の状況	018, 037	抑うつ		009, 076
直前の状況の支援	062	予防的支援		018
直前の状況を変える(支援)	041, 049			
			れ	
と		レビー小体型認知症		004
頭頂葉	003			

よくわかる！　行動分析による認知症ケア

2019年8月30日　初版第1刷発行

著　者	野口 代，山中克夫
発行者	荘村明彦
発行所	中央法規出版株式会社
	〒110-0016　東京都台東区台東 3-29-1 中央法規ビル
	営　業　TEL 03-3834-5817　FAX 03-3837-8037
	書店窓口　TEL 03-3834-5815　FAX 03-3837-8035
	編　集　TEL 03-3834-5812　FAX 03-3837-8032
	https://www.chuohoki.co.jp/

装幀・本文デザイン	大下賢一郎
イラスト	藤田侑巳
印刷・製本	ルナテック

ISBN978-4-8058-5938-4

本書のコピー，スキャン，デジタル化等の無断複製は，著作権法上での例外を除き禁じられています．また，本書を代行業者等の第三者に依頼してコピー，スキャン，デジタル化することは，たとえ個人や家庭内での利用であっても著作権法違反です．

定価はカバーに表示してあります．

落丁本・乱丁本はお取り替えします．